启航
——广东东软学院教学研究与改革（2019）

QIHANG
GUANGDONG DONGRUAN XUEYUAN
JIAOXUE YANJIU YU GAIGE（2019）

杨 利 编著

中山大学出版社
·广州·

版权所有　翻印必究

图书在版编目（CIP）数据

启航：广东东软学院教学研究与改革（2019）/杨利编著 .—广州：中山大学出版社，2020.5

ISBN 978 - 7 - 306 - 06807 - 1

Ⅰ.①启… Ⅱ.①杨… Ⅲ.①民办高校—教育改革—佛山—文集 Ⅳ.①G648.7 - 53

中国版本图书馆 CIP 数据核字（2019）第 293324 号

出 版 人：	王天琪
策划编辑：	曾育林
责任编辑：	曾育林
封面设计：	曾　斌
责任校对：	罗永梅
责任技编：	何雅涛
出版发行：	中山大学出版社
电　　话：	编辑部 020 - 84110771，84110283，84111997，84110771
	发行部 020 - 84111998，84111981，84111160
地　　址：	广州市新港西路 135 号
邮　　编：	510275　传　真：020 - 84036565
网　　址：	http://www.zsup.com.cn　E-mail：zdcbs@ mail.sysu.edu.cn
印 刷 者：	广州一龙印刷有限公司
规　　格：	787mm×1092mm 1/16　13.25 印张　378 千字
版次印次：	2020 年 5 月第 1 版　2020 年 5 月第 1 次印刷
定　　价：	48.00 元

如发现本书因印装质量影响阅读，请与出版社发行部联系调换

编 委 会

主　　编：杨　利

副 主 编：都本伟　朱爱红

编　　委：王显卓　蔡昭映　赵怀力　罗先录　李　连
　　　　　李文龙　黄　迅　王玉峰　刘春林　刘旭东
　　　　　杨志平　程江涛　肖　政　马　琳

目 录

人 才 培 养

新晋应用型本科院校培养英语创新人才的实践和探索
　　——以广东东软学院为例 ………………………………………… 李晓婷（3）
多信息协同的电子信息工程专业创新人才培养探究 ………………… 林　瑾（7）
润物无声　大道简行
　　——应用型本科师资建设的学习与认知 ……… 罗先录　黄文武　叶小平（11）
基于"五位一体"的应用型游戏技术人才培养模式的创新与实践
　　………………………………………………………… 魏菊霞　李　晶（18）
基于创客人才培养目标下的环境设计工作室制教学与实践 …………… 左诗琴（24）

课 程 建 设

新工科背景下"虚拟现实"课程教学改革 ………………… 李　晶　覃福钿（29）
"网络营销"应用型课程建设探索 …………………………………… 李　曼（34）
"Web安全技术"课程实践改革探索 ………………………………… 罗海波（37）
教师教育教学改革典型案例
　　——"大学英语Ⅰ"课程翻转课堂教学改革 …………………… 潘文涛（44）
本科"机器学习"课程教学改革探索与实践 ………………………… 苏　康（50）
以计算思维为导向的大学计算机基础教学的改革探讨 ……………… 吴　凡（56）
数字媒体艺术专业教学中的摄影课程探索 …………………………… 张潇珑（60）

教 学 方 法

嵌入式软件测试教学方法研究 ………………………………………… 葛艳娜（67）
以学生为中心的"品牌管理"课程翻转课堂教学模式探索 ………… 李芊绣（71）
科研反哺教学模式在应用型本科院校的实践与探索
　　………………………………… 李　强　罗海波　魏菊霞　李　晶（76）
职业院校成本会计智慧课堂构建 ……………………………………… 李　兴（81）
浅谈翻转课堂在"公共日语"课程中的应用 ………………………… 陆湘玲（87）

浅谈地方历史文化资源在"中国近现代史纲要"课程教学中的运用
　　——以佛山为例 ………………………………………… 吴颖仪（92）
5G网络下以创新创业为导向的数字媒体专业教学模式研究 ………… 谢　峰（97）
"Linux程序设计基础"在线开放课程教学模式改革与实践
　　……………………………………… 杨俊伟　郭鹏飞　佟向坤（102）
讲练结合+翻转课堂教学改革实践与反思
　　——以"TCP/IP协议与网络编程"课程教学为例 ………… 周二宁（108）

实 践 教 学

提高大学生身体素质的体育教学模式改革设想 ………………… 曾　红（115）
"互联网+"背景下数字媒体艺术实践教学模式探索 …………… 孔紫菲（120）
新形势下对接企业需求的商务英语教学路径探讨 ……………… 赖燕容（126）
本科毕业论文质量探析 …………………………………………… 李　骋（131）
浅谈新时代独立学院的思想政治理论课的实践教学改革
　　——以广东东软学院为例 ………………………… 李艳迪　刘旭东（137）
日语书写形态的复杂性对日汉翻译的逻辑影响 ………………… 王玉峰（142）
基于产教融合的影视与新媒体实训基地建设与实践 …………… 辛伟彬（147）
基于微信生态的智慧教育平台设计与实现 ………………… 杨慧娟　袁尔豪（152）
产学研合作中的知识分享模式研究 ………………………… 张永棠　冼敏仪（158）
基于产学合作的网络工程专业课程综合改革
　　——以广东东软学院与思科公司的产学合作为例 …………… 赵元成（166）

教 学 管 理

民办高校二级管理体制下教学秘书工作优化思考 ……………… 曾　莉（175）
面向生活世界："综合英语"课培养学生批判性思维能力的切入点
　　……………………………………… 刘　华　冯晓玲　伍齐珊　戚萍萍（180）
基于移动云教学平台的学情数据分析实证研究
　　——以"动态网站设计"课程为例 ……………………… 刘云鹏（186）
"十大"育人体系下的高校学生工作探索 …………………… 彭建辉（191）
新建本科院校质量保障体系构建
　　——以广东东软学院为例 ………………………… 邱俊义　朱爱红（195）
新建本科高校教育信息化建设存在问题及解决方案研究
　　…………………………………………… 李苹绣　朱爱红　刘　莹（201）

人才培養

新晋应用型本科院校培养英语创新人才的实践和探索
——以广东东软学院为例

李晓婷

摘要：本文分析了新晋应用型本科院校英语教学所遇到的困难和存在的问题，主要体现为学生的创新能力不足和教学手段落后。所以，本文指出应用型本科的英语教学应从以下方面做出改革：首先，第一、第二课堂相结合，以赛促学来提高人才的学术能力；其次，通过签约校外实习基地来推进校企合作，提高人才的实践能力；再次，积极推进教学改革来提高人才培养质量，最终培养出创新的英语人才。

关键词：新晋应用型本科院校；英语教学；创新人才。

作者简介：李晓婷，山西吕梁人，硕士研究生，研究方向为英语教学和跨文化交际。

一、新晋应用型本科院校背景介绍

应用型本科院校指以应用型为办学定位，而不是以科研为办学定位的本科院校。教育部高等学校英语教学指导委员会于2014年颁布的《大学英语教学指南（征求意见稿）》（以下简称《指南》）中指出，英语作为全球目前使用最广泛的语言，是社会政治经济交流的重要工具，是国际交往和科技文化交流的重要工具。通过学习和使用英语，可以直接了解国外前沿科技进展、管理经验和思想理念。而职业化的英语教学正好能培养具备这种国际交流能力的专业人才，从而更好地服务于社会经济政治的交流和发展。因此，提高应用型本科院校的英语教学质量，培养集学术性和实践性于一体的创新人才尤为重要。不仅要提高学生的英语语言能力水平，也要培养学生的语言实际应用能力。在校园的学术环境中构建交际实训平台，提高应用型本科学生的英语交际能力，为新时代提供创新人才，是应用型本科英语教学的主要目标。

研究者所在的广东东软学院，2014年经教育部批准，由原来的高等职业学校转型成为一所全日制的应用型本科院校。在转型的这5年内，英语教学经历了一系列挑战，同时也取得了一定的成绩。作为一所新晋应用型本科院校，其英语教学经历的改革以及得到的经验，可作为其他新晋应用型本科院校的参考案例。

二、新晋应用型本科院校英语教学存在的问题

（一）学生学术能力弱

应用型本科院校的学生普遍语言基础差，英语学习能力弱。相比普通高校的英语专业学生，应用型本科的英语学生学术能力不足。在全国统一的四、六级英语等级考试中，学生的通过率并不理想。以广东东软学院为例，2014年升格为本科院校以来，历届学生的首次四级通过率均低于20%。应试能力虽不能完全反映学生的学术水平，但也从某种程度上说明学生的语言能力不足，尤其是学术能力落后。另外，在英语的相关赛事中，学生也大多止步于选拔赛，在高级别的比赛中很难取得好的成绩。客观事实表明，应用型本科院校学生的英语学术能力偏低，难以和普通高校的英语人才在竞争中势均力敌。

（二）学生缺乏实践平台

应用型本科院校学生的优势在于比普通高校的学生应具备更好的实践能力，然而事实上，大部分学生却缺乏将书本知识应用于实际的锻炼机会。以大学英语教学为例，其教学依然延续着传统的教育模式，基础英语词汇、英语听力以及英语口语等方面的教学都拘泥于书本。因此，英语教学需要针对企业单位的需求，教学活动的开展应考虑是否对学生的日后工作有帮助，而不是一味地以完成书本知识的讲授为目标。

（三）教学信息化发展滞后

在如今信息飞速传播的时代，教学手段和方法都要跟得上信息化的发展。书本不再是唯一的学习工具，教室不再是唯一的学习场所，老师也不再是唯一的知识来源。综观应用型本科的英语教学，以大学英语教学为例，依然是传统的大班授课方式，受学生人数、师资分配等因素影响，"教师中心"的授课方式还大范围存在。如何贯彻"以学生为中心"的教学模式？教学信息化发展势在必行。教师可制作微课、开展翻转课堂，以发挥引导作用，为学生提供学习方法和技巧，培养学生自主学习和解决问题的能力。

（四）教学理念落后

应用型本科院校的英语教学应注重学生实践能力和跨文化交际能力的培养。"语言中心"和"教师中心"的教学使学生的英语能力得不到全面发展；就学习内容而言，注重语言学习而忽略文化意识的培养；就能力层面而言，学生在学习中失去了主

动权,被动地接受教师课堂知识的传授以及教师在学习方法方面的统一指导,大大降低了学生的学习效率和学习积极性。因此,应用型本科英语教学应勇于进行改革,尝试多元教学模式和手段,探索合理的教学理念。

为解决以上教学问题,我们在英语教学中进行了一系列改革,教学效果和学生水平也取得了较明显的提高。

三、英语教学进行的改革

(一)第一、第二课堂相结合,课内外增加语言输入

第一、第二课堂相结合,营造英语学习氛围。为提高学生的英语学习热情,营造英语学习氛围,由辅导员、高年级优秀学生代表和一线教师队伍联合组织和督促学生晨读。晨读的内容为书本内容,任课教师提供晨读的音视频材料,另有专任教师和辅导员指导和督促,也请高年级同学辅导带读,营造英语学习的良好氛围。另外,校园广播也加入了每日英语播报时间,在全院营造英语学习氛围,激发学生的学习热情。

(二)以赛促学,提高学生学术竞赛能力

以赛促学也是行之有效的教学方法。在全校范围内积极举办各种英语赛事。学院举办了英语写作、演讲、朗读和翻译等多种形式的竞赛,并成立了6~7人的比赛专门辅导小组。辅导小组由一线教师队伍牵头,摒弃之前分散的辅导和组织方式。从组织比赛到辅导学生以及带队参赛,全程组织和参与,形成了完整的比赛辅导流程。

(三)建立校外实习基地,推进校企合作

签约校外实习实践基地,为学生提供跨文化交际实训平台。为了给学生提供跨文化交际实训平台,提高学生的实践能力和体验真实的跨文化交际场景,学校积极和校外企业签约实习基地。每年会在一定的教学周内鼓励学生外出实习,直接接触企业真实的工作环境,为学生提供真正的情景交际场合,将课堂所学应用于实践。与企业的直接合作,也能促使教师在上课的时候,有侧重地培养企业所需人才。

(四)推进信息化教学改革

社会在不断进步,智能手机和网络的普及改变了学生的学习方式。学生更喜欢在网络寻找信息,也更钟情于在手机上学习,传统的授课方式已然不能有效地吸引学生的眼球。因此,教师的授课必须相应地做出改变,信息化教学改革势在必行。录制微课、推行网上在线课程、开展翻转课堂、使用智能的学习管理系统,都是有效吸引学

生注意力、把课堂还给学生的方法。

四、总结

经过这5年的实践，不断总结经验进行教学改革和实践，证明以上改革措施是有成效的。首先，通过签约校外实习基地，推进实质性的合作，同时，教师队伍积极开展教改项目并推进教学信息化，如开展翻转课堂、录制微课等，学生的学术能力和实践能力都有提高。学术能力的提高体现在学生的竞赛能力有所提高，甚至在国家级高水平的竞赛中取得优异的成绩；实践能力的提高体现在校外实习的过程中，企业、学生和教师三方形成了良好的合作和互动。只有不断地提高应用型本科院校学生的学术能力和实践能力，应用型本科院校的优势才能发挥出来，从而在我们高等教育中稳占一席之地。

参考文献：

教育部高等学校大学外语教学指导委员会．大学英语教学指南（征求意见稿）［EB/OL］．2014（12）［1］．http://www.doc88.com/p-7406958961364.html.

多信息协同的电子信息工程专业创新人才培养探究

林　瑾

摘要：当前电子信息技术发展迅速，如何培养出符合社会需求的创新本科人才成为电子信息工程专业教育的重点。目前，电子信息工程专业的高校教育中存在学生知识滞后、教师教学水平有限、学校实验实践环节薄弱等弱点。文章探索了以多信息，包括教学、科研、竞赛、校企合作、实验平台等协同合作的电子信息工程专业创新人才培养模式，通过对各类实践教学资源的整合、优化、完善、培养，带动学科教学研究，相关改革取得良好成效。
关键词：创新；多信息；电子信息；人才培养模式。
作者简介：林瑾，广东省潮州人，硕士，讲师，研究方向为应用电子技术。

一、引言

电子信息专业在本科教育中已经开展多年，为社会培养了众多优秀的人才。我校地处华南珠三角地区，这里的制造业和电子信息产业在全国领先，每年急需大量电子信息专业方面的优秀人才。目前，电子信息工程专业主要存在以下几个问题：一是电子信息技术发展迅速，社会对电子信息人才提出新的要求，学生的水平跟不上，专业教学存在滞后性，无法满足社会的需求；二是师资队伍的研究能力和教学水平有待提高，部分教师缺乏工程经验、实践经验；三是缺乏开放、自主学习的创新实践平台，未能利用多种资源（教学、科研、竞赛、企业合作、实验平台），激发学生的创新创意；四是实验教学环节比较薄弱，实践课程没有新意，传统的实验模式不利于发挥学生的主观能动性、创造性，缺乏产学研合作培养机制，来构建起创新平台。本文以广东东软学院电子信息工程系为例，探讨电子信息工程专业创新人才培养模式。

二、电子信息工程专业创新人才培养模式探讨

(一) 学习电子信息前沿技术，以市场为导向优化教学模式

开设电子信息工程学科导论课，围绕如何学习电子信息学科、电子信息各专业的学习发展方向等，以及当今社会发展带来的新技术、新科学和未来的发展趋势展开。课上主要将教育理念、方法置于情景之中，增强趣味性与可读性，从而激发电子信息类学生的主观能动性，并使学生们在大学一年级的时候就明确自己学习的目标并选择感兴趣的发展方向。

优化电子信息工程教学模式，以市场为导向应用新技术、新方法更新教学内容，将 CDIO 的工程教学理念写入教材。使用新型教学模式，如翻转课程等，带动学生课前、课中、课后学习的积极性，提高学习效率。建立精品课程网站、开展教材与教学内容的协同性研究，将科研项目、毕业设计、学科竞赛等成果转化成实践教学资源，为实践性课程提供知识载体，建设协同创新实验平台和先进的数字化教学平台，提升学生的实践动手能力。

(二) 组建教学团队

组建 Linux 程序设计、C 语言程序设计、单片机原理与接口、嵌入式驱动、计算机组成原理多门课程的教学团队，进行知识体系互补与优化，将科研与教学水平有机结合起来。提升教师的研究能力，通过导师制、教师培训、访问学者、会议等方式培养青年教师、实施教学名师建设和教学研究项目牵引工程，形成创新人才培养过程中教师之间、学生之间、师生之间科研与教学的有效协同方法。形成教学群体在学术上的综合、互补，使课程团队年龄结构、知识体系得到优化，学术教学水平得到提高。

(三) 多种资源协同合作培养创新能力

加强理论与实践教学协同，实现专业基础课、竞赛培训课、大学生创新创业训练项目、实验、学科竞赛、企业实际项目实践有机结合。多渠道研究大学生创新实践中管理体系、激励机制、经费来源等问题，确保大学生创新培养的可持续性。主要通过创新强校工程，扶持大学生科技项目，如攀登计划、大创项目、竞赛等，构建科技创新团队，鼓励学生跨学科、跨学院组建团队，通过大学生创业中心（SOVO）平台与外面企业合作，形成多元化的科技学生团体。设立华天奖学金、国家奖学金、东软控股奖学金等竞赛奖学金，表彰在科技创新及学习方面表现突出的学生。通过理论与实践并重、教学与科研互动，激发学生探索知识的创造力和动力。提出校企协同创新人才的培养教育理念，以新理论新技术、企业或科研实践中的新工程案例等更新课程内

容，依托企业合作，实现多要素互补、合作、协同、综合，使人才培养和教育效益更大化。

（四）建设实验课程

建设实验课程资源，在满足教学科研的情况下，开放部分实验室供学生使用，提供一个开放式的自学科研环境。开放性实验室能让学生充分利用学校的学习资源，培养学生独立自主进行各种实验，解决工程实践问题的能力。以竞赛为契机，学生进入实验室后，参加相关技能训练，指导老师因材施教，制订相应学生的培养计划。同时，学校开展实验室开放日活动，展示学生的科技创新作品。高年级学生起好带头作用，以实验室为平台，以项目为契机，通过以老带新的模式，把好的经验分享给低年级的学生，形成教师引导高年级学生、高年级学生引导低年级学生的指导方式。实验课程设置验证性、设计性、综合性、创新性等多层次教学内容，结合企业实际项目操作模式，引导学生强化实验实践、自主研究。

三、实施效果

通过对各类实践教学资源的整合、优化、完善，我校"电子信息工程专业"课程建设与改革取得了重要的成果。在2018年，电子信息工程专业通过本科学位评估，本项目构建的校企协同电子信息创新人才的培养与实践的成果，如教学改革、实验室建设、各类教学资源的开发等不仅使本校学生的基础理论知识更加扎实，学习兴趣和实践能力也得到明显的提高。

近3年，本专业学生在各种大赛中取得丰硕的成绩。2017年，参加全国电子设计大赛获得省一等奖，这是我校第一次获得省一等奖。2018年，参加首届高等学校智能机器人创意大赛，从全国172所院校共756支队伍中杀出重围，获得全国二等奖。另外，近两年参加全国智能汽车竞赛、广东省电子设计大赛等比赛共获得省级奖项30多项、国家奖项8项；学生参加大学生创新计划获得国家级、省级立项共10多项；申请电子信息专业相关国家发明专利4项。

为了提高学生的工程实践能力，本专业在校企共建、工学结合的教学理念指导下，积极开展校企合作，通过各种合作模式，建立了一批稳定的校外实训基地，通过协同培养，强化学生的理论和实践相结合的能力，提升创新意识，为珠三角地区电子信息行业提供创新型人才。

四、结语

在当前电子与信息产业高速发展以及社会需求的推动下，提高电子信息专业学生的创新能力势在必行。本文以广东东软学院电子信息工程系为例，对电子信息工程专业创新人才的培养，进行探究与实践，针对创新人才的培养，构建电子信息类创新型人才校企协同培养体系，并从教学、科研、竞赛、校企合作等方面进行了全方位的探索与实践，积累了相关经验，取得了一定的成绩，对带动学科教学研究与实践特别是创新人才培养具有现实意义和指导性。

参考文献：

［1］刘明堂，杨阳蕊. 新工科背景下的电子信息工程专业创新人才培养模式探讨［J］. 科技创新导报，2018（20）：225-226.

［2］张庭亮，胡宽，申静轩. 以竞赛与项目为驱动的电子信息工程专业创新创业型人才培养模式探索［J］. 江苏科技信息，2018（34）：78-80.

［3］陈红，王鹏. 电子信息类专业创新型人才培养实践教学体系研究与构建［J］. 教育教学论坛，2018（41）：141-142.

润物无声 大道简行
——应用型本科师资建设的学习与认知

罗先录 黄文武 叶小平

摘要： 作为我国高等教育普及化和现代化的产物，应用型本科院校在国家实施"教育强国"战略部署的过程中显示出重要的作用和意义。新形势的发展使得应用型本科院校师资队伍建设面临一些新的问题和挑战，认识和应对的出发点应该是其办学的初衷和历史定位。本文由此分别从高校教师个体的职业价值理念视角和师资队伍建设管理规划层面进行相关学习与探讨。

关键词： 应用型本科；师资队伍建设；职业价值导向；教学与科研。

作者简介： 罗先录，教授，广东东软学院计算机学院院长。黄文武，讲师，广东东软学院计算机学院党总支书记。叶小平，教授，博士生导师。

高校办学质量取决于高校师资队伍建设，这已经成为人们的共识。本文讨论在应用型本科院校日益发展壮大的背景下，师资队伍建设的一些认识问题和应对策略。第一部分，回顾和明确应用型本科办学初衷和发展生存的定位，为相应师资队伍建设探讨提供逻辑出发点；第二部分，从应用型本科院校师资队伍建设中个体成员——高校教师视角讨论相应理念认识问题；第三部分，从师资队伍建设的管理规划层面讨论新形势下师资队伍建设若干相应的应对策略方法。

一、不忘初心、牢记使命

应用型本科概念早已提出，应用型本科院校发展已有些时日。由于发展过程复杂、各方因素干扰和发展过程时空延伸等，应用型本科诞生发展的历史背景以及由此而来的办学理念和人才培养目标定位等有可能被遮挡和忽视。因为当事物发展到一定阶段而面临挑战时，不忘初心就显得必要，否则就可能导向不同的逻辑范畴。本文讨论师资建设也遵循如此考量。

（一）历史大势：教育和应用融合

20世纪末高等教育大扩招是我国高等教育发展史上的一个重要事件，经过21世纪两个10年的发展，我国高等教育事业发生了具有根本性意义的变革。其中最明显的就是高等教育由改革开放初期相对单一的"精英教育"逐步转变为"精英教育"与"大众教育"并存的局面。这种转变的鲜明标志就是高等教育和实际应用相结合的产物——应用型本科院校的出现与发展。

人类文明发展的本质依托是教育的发展。作为传承文明的教育和作为创造文明的应用相互依存，密切融合。但在人类教育发展史上，至少在表现形态上，教育和应用经历了融合、分离、再融合的发展过程，如图1所示。

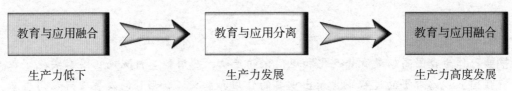

图1 教育与应用的融合与分离

形态不同反映着逻辑必然。早期教育和应用融合，即学校和生产结合是由于当时生产力水平低下，经济生活和社会生产经验技能多通过师傅带徒弟的形式口口相授，在生产活动中学，在实际运用中教。由于生产力的大幅发展，社会生活资料日渐充裕，同时，社会生产日益复杂化系统化，专门化的科学技术作为与实际应用相对独立的"思辨"体系进入社会教育特别是高等教育的殿堂，教育内容方式逐步和应用实际发生脱离。进入现代社会，科学技术飞速发展，人们对科学技术成果转化为实际生产收获以造福人类自身的渴望非常迫切，教育特别是高等教育的重心又一次转换到快速高效地将科学技术成果转变为社会发展生产力方面来，由此，教育与应用又在更高层面上进行了融合，由此开启了"精英教育"向"大众教育"转变的教育现代化进程。

(二) 橄榄结构：教育强国必然形态

从世界教育强国发展历史分析，可将高等教育划分成精英型教育、应用型教育和职业技能型教育三个层面，实际情况表明会形成如图2所示橄榄型类化结构。在我们国家，这种类化集中出现于21世纪的第二个10年，即出现在研究型高校、应用型本科和高职高专教育"三元并存，分类发展"的高等教育总体布局中，应用型本科教育就是高教普及化和现代化中涌现的一种新的教育类型。据教育部统计，全国共有普通高校2663所，本科院校1245所，其中，21世纪以来新建的本科院校已经占到其中的60%。这批新建本科院校基本上都是应用型本科院校，它们多是由专科院校、教育学院、成人高校等合并升

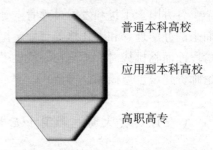

图2 教育强国高校类化占比橄榄型结构

格而来，而升格的根本原由就是它们对所在地方的经济社会发展做出很大贡献。

（三）发展定位：学以致用与用以促学

对于应用型本科院校而言，应用性是安身立命的逻辑主线，而服务地方则是生存发展的生命主线，落实到行动层面就可以概括为"学以致用"和"用以促学"。

要学以致用，就需从逻辑上和骨子里明确"教"和"学"就是为了"用"，努力建成服务地方区域内应用型本科人才的重要供给地。当然，这里的"用"是相对于研究型高校而言，并不是退回到高职高专的那种"纯动手操作"的"用"。首先，是具有"专业性"和"职业性"结合特征的"用"：能够将所学知识技术尽快并有效地应用于所承担的工作。其次，是具有"复合型"与"创新性"综合素质的"用"：能够整合所学知识和技术，进行相关各类的技术创造创新；能够有效接受学习新的知识和技术，适应新的应用环境的挑战。

用以促学就是通过"用"来提升发展自身，努力成为所在地方区域内的重要科技支撑地。通过"用"来进行社会与学校的沟通联系，成为所在地方区域内的市场型、专利型、作品成品型科技成果的研发地、培育地、孵化地以及提供地，只有为地方经济社会发展和产业升级转型做出切实的贡献，才能赢得自身真正的地位，永葆发展进步的动力与活力。

二、润物耕心、桃李无言

人的行动被导引于认识和理念，对于人这种智能动物而言，理念具有至高无上的价值导向与逻辑引领，是一只具有巨大力量的看不见的手。不忘初心，明确理念，是对作为应用型本科师资建设个体——教师本身进行相关问题探讨的基本前提。

（一）敬重职业：有所作为的天地

近年来，应用型本科院校都加大力度引进了相当数量的硕士和博士。他们本应成为教学和研究的主力部队，但部分新进教师对应用型本科教学工作缺乏热情和责任。这表现为：首先，认为本科院校就应该是受人尊敬的传统大学，要注重科研，凸显学术，而应用型本科作为高职高专职业培训的延伸，社会认可度不高，缺乏对所从事职业的敬重和激情；其次，觉得上大学之人就应当是精英之才，对应用型本科学生水平参差不齐感到错愕，对由此出现的各类不同于传统高校的处理模式难以适应，出现教学畏难情绪；最后，以否定的思维思考作为新生事物的应用型本科院校的师资管理，因学校对教师的要求与教师个人发展目标的不一致产生失落感。除了一些客观因素，上述问题出现的根本原因在于对所从事工作的认识不足，理念不明，因此没有形成对所从事职业应有的敬重。

应用型本科院校是一个国家高等教育发展到一定阶段进行类化的必然产物，是教育强国三个阶层橄榄形架构组成中最大的一块，因此，具有广阔的发展潜力和光明的前景。从世界上其他教育强国来看，著名科学技术大家和诺贝尔奖获得者就有不少是来自各类应用型本科院校。在我国，应用型本科院校的影响早已显现，例如，马云就毕业于一所普通的应用型本科院校——杭州师范学院。

（二）服务社会：办人民满意的教育

应用型本科院校选择学历教育和职业教育一体化之路，不但是由学校的办学定位和使命担当所规定的，更是这类学校生源特征结构和就业服务需求所要求的。

深入分析应用型本科院校的生源特征，实际上不难发现，尽管生源的高考成绩相对不够理想，学生的"思辨坐功"可能相对较弱，但其"实践动功"不一定缺失，其基本心智活动形态表现为"动中学"，因而更适于"做中教"，更适于接受课堂教学和动手应用相互融合的应用型本科高教模式。有统计显示，在每年招收的本科新生当中，农民或农民工子女占45%左右，无业与退休家庭占6%左右，产业与服务业家庭占26%左右。在这些普通阶层生源家庭中，子女的成功就业就是最基本的追求。就业本质上就是按照职业来就业的。应用型本科院校坚持学职一体化办学定位，就是坚持为所在地方的各行各业培养输送各类迫切需要"一线型"和"职业师化"的中高级劳动者，有效满足社会普通阶层家庭"充分就业"和"就好职业"的迫切民生诉求，这对践行"办人民满意的教育"和"服务于社会和谐稳定"具有十分重要的战略意义。

（三）以学为本：强化为学生服务的理念

"尊重学生"是应用型本科院校的首位价值取向，"服务学生"是应用型本科院校生存发展不能违背的客观要求。对于传统高校培养的应用型本科师资而言，尤其需要真正树立为学生服务的"服务育人"理念。育人者需要转变观念，尽快与学生搭建起平等相待、互学互教的关系。育人者不能"高高在上"，而应该作为领路人和先行者，尊重和爱护学生，帮助和服务学生，教诲和引领学生。学生要敬师重学，但老师不能将传统高校的教学模式直接套用在应用型本科学生身上，需要为学生提供传统高校可能没有提供的从大道至细节的各种基本服务，例如，为提高学生的学习积极性提供服务（如积极采用翻转课堂和慕课教学等），为学生制定职业生涯规划提供服务（如组织引导学生参加企业和地方实际项目以及各类科技应用竞赛等），为提高学生今后在社会上的竞争力提供服务（如通过实际项目有意识强化训练学生的实践组织能力、团队协调能力和适应新环境能力等）。

三、厚积薄发、大道简行

应用型本科院校师资队伍建设，关键还在于相应管理层级的理念导向和管理引领。高校需要有学术支撑，因此，应用型本科院校的"科学研究"不可缺失；对师资队伍中个体成员需要有相应的职业价值导向，因此，复合型教师的素质引领尤为必要；师资队伍层次化结构日趋成熟，要使其产生的活力成为动力与潜力，而不是阻力。

（一）科研导向：寓研于教和以教促研

应用型本科院校必须有"科研限定"，否则就退回到常规意义下的职业教育；应用型本科院校也必须具有不同于"纯学术"的、基于应用技术的科研，否则就是用自己的劣势和传统学术科研型高校进行比拼。因此，应用型本科院校的科研基本特征应为：寓研于教和以教促研。

毋庸讳言，应用型本科院校科研导向首要是推进和改善教学。但在按照人才培养目标和服务地方定位实施教学过程中，会出现或者会发现许多鲜活的科研要素。如图3所示。

图3 寓研于教

不同于高职高专的"纯职业"培养定位，应用型本科学生需要具有适应职业环境变化、与时俱进的能力。这种能力的主要体现之一就是能够综合运用所学或所涉及的技术进行整合，学生能够学以致用意义下的创业创新。这就要求教师具有综合知识的整合与创新能力。知识技术的整合过程不是简单的拼装，而是内在的契合，这种整装契合过程就可能是一种非常有价值的科研机遇，通常都会有相应的原创性结果，其意义和价值不一定会输于"纯学术"的科学研究。

此外，科研素质的一个基本要素是要及时跟进研究领域的最新进展，时刻保障自己的知识更新，而这在传统研究型高校中是需要在本职教学工作之外特地完成的环节。应用型本科院校教学的出发点就是与时俱进，服务于当前市场和地区对最新技术的渴望与呼唤。比如，广东东软学院所在地佛山经过改革开放40多年的发展，已进入企业转型升级的重要阶段，需要各种先进科学技术，如大数据技术、无人机技术、深度学习技术以及特征智能识别技术等进行相应的支撑和导引。这正构成东软学院相应教学积极跟进服务区域的绝好场景,"迫使"教师时时注重更新自身知识结构,接收和使用最新的科技发展成果,这就为有志于科研的年轻博士、硕士们提供了一种自然得体的科学研究生态。

(二)基本素质:复合型师资队伍建设

应用型本科教学天生具有"追新"的本能,需要紧密跟进当今科技的最新进展,才能培养出能够适应新的生产需求并将新科技转换为造福社会的具体成果的人才。

对于应用型本科院校教师而言,应用型本科院校应该没有"只讲不做"的"纯粹"课程。所有课程基本都需要在讲解分析各类计算机理论技术知识的同时,能够有效掌握和熟练使用相关应用软件,而且传授知识需要以技术实现和技能掌握为基本表现形态。这是应用型本科底层所必须继承的高职高专基因。但在此基础上,更需要变异进化,相应标志就是突出所学知识技术的综合解析和整合应用。也就是说,应用型本科院校教师需要着力打通知识技术的"任督二脉":一是单个技术课程的来龙去脉,即其应用场景和使用边界;二是不同相关技术中隐藏着的统一根底和本质关联。

(三)团队协同:学科带头人和教研团队建设

近年来,应用型本科院校直接评聘的"原生态"高级职称人员比重逐年增加,一大批国内外高校的博士和硕士相继加入,本校原有青年教师也有不少在攻读在职的博士和硕士学位,逐渐形成具有自身特色的师资结构。应用型本科院校师资差异化层次结构客观上提供了人才专业优势互补和资源共享的可能,其有效方式可以考虑借鉴普通高校的学科带头人模式和以带头人牵头引领的"教研团队"建设。如图4所示。

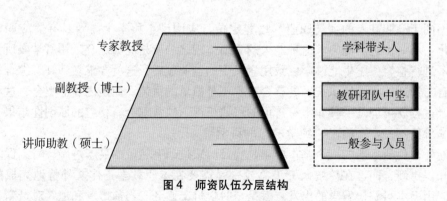

图4 师资队伍分层结构

注重和加强对学科专业带头人的选拔培养是高校师资队伍建设的关键,应用型本科院校也不应例外。可以考虑在高级职称教师中建立教研学科带头人制度,目的是带领各个层级的师资人员组成团队。这种团队的中坚力量应是副教授和近年新引进的具博士、硕士学位的青年教师，同时也需要有适当企业派送过来的相关专业课教学人员参与，以增加校企合作及应用实践等基本要素，优势互补，形成合力，同创共赢。做好学科专业带头人队伍建设，首先是规划建立公开、公正和择优的良好选拔聘用机制；其次是明确待遇和责任，并且要动态考核，做到"能上庸下"；最后就是为学科专业带头人提供良好的工作环境和成长生态，比如，广东东软学院每年都拨出资金设立相应的校级教研项目，对相关教研团队提供力所能及的支持。

四、结语

"大学价值在于大师不在大楼"，人们对此早已耳熟能详；"大学发展建设关键在于师资队伍建设"也是人们的共识。对于应用型本科院校这种新型的高等教育类化模式，师资队伍建设有何特点，存在哪些需要探讨的具体问题和需要面对的实际挑战，问题出现的根源是什么，应对挑战的逻辑又如何，这些都是我们需要思索和进行探究的着眼点，也是本文的理解与认识。

参考文献：

[1] 陈小虎. 新型应用型本科院校发展定位、使命、路径和方法选择［J］. 中国大学教学，2014（3）：33-40.

[2] 中华人民共和国教育部. 国家中长期教育改革和发展规划纲要（2010—2020年）［EB/OL］.（2010-07-29）. http://old.moe.gov.cn/public files/bnsiness/html/files/moe info_list/201407/xxgk_171904.html.

[3] 中华人民共和国教育部. 2018年全国教育事业发展基本情况年度发布［EB/OL］.（2019-02-26）. http://www.moe.gov.cn/fbh/live/2019/50340/sfcl/201902/t20190226_3 71173.html.

[4] 马丁·特罗. 从精英向大众化高等教育转变中的问题［J］. 王香美，译. 外国高等教育资料，1999（1）.

基于"五位一体"的应用型游戏技术人才培养模式的创新与实践

魏菊霞　李　晶

摘要：本文以"以基础知识为本位、以科技竞赛和科研项目为引领、以实践创新能力为重点、以计算机游戏专业一流人才为目标"的教育理念，构建了"五位一体"实践创新能力培养模式，提出"四年竞赛"的学习机制，提高学生的创新实践能力。

关键词：五位一体；创新能力；应用型游戏人才；科技竞赛；科研项目。

作者简介：魏菊霞，湖北人，硕士，讲师，主要研究方向为软件工程、软件技术等。李晶，陕西人，硕士，讲师，主要研究方向为软件开发、游戏开发。

一、引言

国内的游戏行业开始于 20 世纪 90 年代中期，经历了萌芽、单机游戏、网游等阶段，现在进入移动时代。这些发展给中国游戏产业结构带来了根本性的变化，从 2000 年中国游戏市场兴起至今，游戏产业在中国发展速度和市场潜力非常惊人。《2018 年 1—6 月中国游戏产业报告》显示，2018 年 1—6 月，中国游戏市场实际销售收入达到 1050 亿元，同比增长 5.2%，游戏产业已成为政府大力扶持的经济支柱产业。

伴随着游戏产业的高速发展、市场竞争的日趋激烈，游戏企业对游戏专业人员的需求与日俱增，专业人才供求关系矛盾扩大，行业人才争夺加剧。计算机学院软件工程系以游戏专业为试点，充分借鉴先进的办学理念，系统开展了教学改革成果的集成创新，确立了"以基础知识为本位、以科技竞赛和科研项目为引领、以实践创新能力为重点、以计算机游戏专业一流人才为目标"的教育理念，依托广东东软学院"1321"实践教学模式，从基础知识、学科竞赛、科研项目、实践能力、IT 素质等方面构建了"五位一体"实践创新能力培养模式，即"以课程教学为基础、以学科竞赛为依托、以科研项目为驱动、以技能训练为手段、以条件建设为保障"，培养大学生的创新思维和解决实际问题的能力。产学协同、科教融合，将实践创新能力训练贯穿于计算机专业人才培养的全过程。

二、主要的教学问题

（一）传统教学致使内容狭窄，课程体系陈旧，知识与实际脱节

游戏产业是一个新兴的产业，而传统教学强调教师权威论，以教师讲解为准，学生被动接受知识。随着信息化时代的发展，很多游戏的新技术无法由教师传授给学生，课本知识无法及时更新，致使教学内容狭窄，游戏专业课程体系核心课程陈旧，与实际脱节。

（二）人才培养方案不清晰，课程体系不完整

游戏专业核心课程多为实践性较强的综合课程，而全国开课高校屈指可数，游戏课程教学内容较多、逻辑性强，学生学起来较困难，同时，又受到课时的限制，阻碍学生对知识的自主消化吸收。对专业知识理解不透，直接造成学生迁移能力欠缺，创新意识淡薄，实践动手能力差。

（三）科技竞赛种类繁多，学生认知不够，无法合理选择

计算机相关的学科竞赛和科研项目种类繁多，如计算机设计大赛、数字媒体创意大赛、中国游戏独立大赛、华为杯、大学生创新创业训练计划项目、攀登计划等。然而，由于学生对课程的认知不够，虽然学校为学生提供了很多竞赛的机会，但学生无法合理选择相关的竞赛和项目来提升自己的创新能力。

三、解决教学问题的方法

（一）优化人才培养方案，在课程体系中增加学科竞赛与科研项目元素

根据软件工程专业的培养目标，优化人才培养方案，在课程体系中添加学科竞赛与科研项目元素。比如，增加学科竞赛和科研项目学分或学生五元能力分，只要参与了学科竞赛（省级以上）或申报科研项目，就可以增加学生的五元能力分，若获得一定的奖项或成功申报项目，则可以抵扣相关课程的学分。通过多样化的培养方式，突出学科竞赛和科研项目的比重，处理好基础课程与专业课程、理论与实践、知识与能力的相互关系，提高学生的创新意识和实践能力。

（二）提出"学科竞赛+科研项目"教学模式，构建"五位一体"的创新实践模式

我院根据多年的经验积累，提出"学科竞赛+科研项目"教学模式，构建了"五位一体"的创新实践模式，即以课程教学为基础、以学科竞赛为依托、以科研项目为驱动、以技能训练为手段、以条件建设为保障的创新能力培养模式。

（1）以课程教学为基础。所有的科技竞赛都需要有扎实的专业理论、基本知识和基本技能，因此，学生创新能力的培养离不开基础课程的学习。以计算机设计大赛为例，2019年中国大学生计算机设计大赛内容分为13类，包括大数据、人工智能、软件应用与开发、数媒动漫等。这些大赛内容涉及的知识点相对应的课程有"数据结构""游戏程序设计""人机交互技术""人工智能""机器学习""虚拟现实"等。以"游戏程序设计"课程为例，在教学过程中，可以将学科竞赛中对应的考核点应用于教学内容，将竞赛项目分解成多个任务，穿插在整个实验项目中，提高学生的动手能力。

（2）以学科竞赛为依托。学科竞赛的主题具有综合性、灵活性、先进性的特点，从各方面考核学生的参赛能力，需要学生深入理解并创造性发挥，而课程教学在这些方面有明显的不足。建立学科竞赛团队，收集历年大学生学科竞赛的方案、主题、题目等进行梳理、分析，形成一整套竞赛项目题库，根据学生的层次，筛选合适难度的题目考核学生，锻炼学生的创新能力。

（3）以科研项目为驱动。积极鼓励并指导学生申报各类科研项目，如攀登计划、大学生创新创业计划等，开阔学生视野，逐步提升学生的实践能力。

（4）以技能训练为手段。根据我院"1321"教学模式的特点，在每年的小学期建立技能培训体系，训练学生的实践创新能力。根据每学年的课程知识体系，逐年增加难度，考核学生的综合应用能力。

（5）以条件建设为保障。学科竞赛的组织和实施需要占用一定的资源，如场地、设备、师资、经费等，因此，可借助学科竞赛与科研项目，并以此为契机进行相应的条件配套建设，如实验室建设、学科竞赛师资建设、经费支持等。

（三）构建"四年竞赛"的学习机制，夯实基础知识，强化专业技能

构建"四年竞赛"的学习机制，将每学年的课程教学、技能训练、科技竞赛有机结合，形成科技竞赛的系列化、全程化，全面提升学生的实践创新能力，夯实基础知识，强化专业技能。以软件工程游戏方向的核心主干课程为例，如图1所示为"四年竞赛"的学习机制。

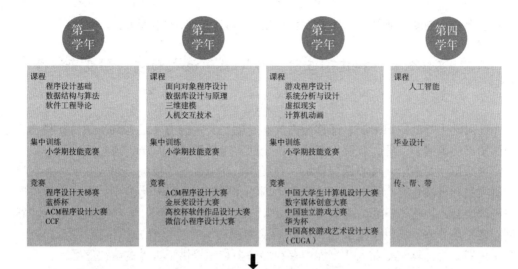

图1 "四年竞赛"的学习机制

第一学年：学好基础课程，夯实基础知识，组织偏基础的程序类竞赛，如程序设计天梯赛、蓝桥杯、ACM程序设计大赛等，展示往年学生竞赛作品，宣传竞赛成果，激发新生参与竞赛的积极性。

第二学年：根据学生兴趣和第一学年学生竞赛或课程考核成绩组队，分配经验丰富的指导老师和学生助理（高年级有参赛经验的学生），开展不同类别的竞赛辅导。不定期组织相关竞赛的讨论和问题解答，组织偏应用性的竞赛，如微信小程序设计大赛、高校杯软件作品设计大赛等。

第三学年：选拔优秀团队，根据专业方向，强化训练，突出团队协作精神，提高学生的实践能力和创新意识。竞赛可选择中国大学生计算机设计大赛、中国独立游戏大赛、数字媒体创意大赛、华为杯等。

第四学年：高年级与低年级学生、老成员与新成员形成"传、帮、带"，以能力强的学生为核心，促进团队中新老成员的快速发展。

四、创新点

（一）理念创新：确立了面向软件工程游戏专业一流人才的培养理念

确立了"以基础知识为本位、以学科竞赛和科研项目为引领、以实践创新能力为重点、以计算机游戏专业一流人才为目标"的教学理念，这一理念与广东东软学院的"教育创造学生价值"的办学理念一脉相承，形成产教融合、面向校企合作、协同共赢的运行机制，以培养学生学习能力、实践能力和创业就业能力为主线，实施了专业教育、创新创业教育、素质教育相融合的应用型人才培养方案。

（二）实践创新：构建"五位一体"教学模式和"四年竞争"学习机制

针对学生基础知识薄弱、迁移能力欠缺、创新实践能力不足、科研项目和科技竞赛认知不够等诸多问题，我院发挥优势，全面实施教学综合改革，通过建设具有高水平师资队伍、打造游戏核心课程模块、开展学科前沿讲座等措施，建成知识体系。以科研项目和科技竞赛为导向，以实践能力训练和创新能力提升为抓手，强化产学协同与科教融合，构建"五位一体"教学模式，建立"四年竞争"学习机制，形成实践创新能力培养体系。以学生成长和成才需求为驱动，有机结合知识传授、能力培养、素质拓展，为计算机专业人才培养中存在的诸多难题提供了有效的解决路径。

（三）课程创新：与国际化游戏教育接轨，引领技术前沿

高校的游戏设计课程教学作为向游戏产业输送人才的重要环节，本身就面临着开课历史较短、教师教学经验欠缺、与产业本身结合不够紧密等问题。针对这些问题，我院软件工程系与国际化游戏教育接轨，构建引领技术前沿全新的课程体系，以 C# 编程语言为基础，Unity 游戏引擎为推动，开设了一系列高端课程，如虚拟现实、机器学习、人工智能等，为学生提供不同层次、内涵、实现方式的学习和实践机会，为培养计算机游戏专业一流本科人才提供了强有力的资源保障。

五、成效

（一）计算机游戏专业一流人才培养成效显著，学生综合能力不断增强

培养了一大批计算机游戏专业一流人才，本科毕业生就业率达 100%，学生的实践能力和创新能力明显提升。近 3 年，学生参加学科竞赛数项，如计算机设计大赛国赛（二等奖 1 项、三等奖 2 项）、省赛（一等奖 2 项、二等奖 5 项），数媒创意大赛（二等奖 2 项、三等奖 7 项），中国独立游戏大赛、华资杯、华为杯、蓝桥杯、软件测试大赛等各类学科竞赛均取得了良好的成绩。此外，大学生创新创业计划、攀登计划立项 10 项。

（二）科研、教学改革项目成果显著，反哺教学活动

本团队科研、教研项目共 25 项，其中，国家级 6 项，省级 11 项，校级 8 项；教材 2 部；省级精品资源共享课程 1 门；获得省级以上优秀指导老师 4 人。科研、教学

改革项目成果显著，反哺教学活动，构建一流优质教学资源，为培养一流人才奠定基础。

（三）成果得到同行认可，起到很好的示范和辐射作用

为积极顺应互联网时代特点下新的课程推广和学习模式的要求，课程体系中的多门课程，如"人机交互技术""游戏程序设计"的教学资源已在超星网发布，这对其他高校的相关课程起到了很好的示范作用。

参考文献：
［1］颜伟，袁清和，李美燕，等. 面向工程教育专业认证的工业工程应用型创新人才培养模式探索与实践［J］. 教育教学论坛，2019（3）：128－131.
［2］王超，马莉，李斌，等. 以科学竞赛为载体的大学生创新能力培养模式研究［J］. 高师理科学刊，2018，38（09）：93－96.
［3］王虎挺，吴天松，李欣瑶. 关于大学生科研能力培养的探讨［J］教育教学论坛，2018（4）：204－205.
［4］杨卫东，李西亚. 应用型本科院校学生实践创新能力协同培养机制探索［J］. 职业技术教育，2017，38（14）：16－18.

基于创客人才培养目标下的环境设计工作室制教学与实践

左诗琴

摘要：随着"大众创业,万众创新"的蓬勃发展,国家和各高校高度重视大学生的创新创业工作。这对环境设计专业人才培养的方式提出了新的要求。我校环境设计专业探索的工作室模式在形式和内容上适应了创业教育的需求,从而有力地改进了创业教育的效率。工作室制教学模式融入创新创业教育实践,最终经过验证发现,该模式对构建产学研相结合的应用型专业办学具有一定的可行性,也是保证高校环境设计专业创业教育有效性的重要途径之一。

关键词：创客工作室；人才培养；创新教育；校企合作。

作者简介：左诗琴,广东东软学院讲师,数字媒体与设计学院环境设计系主任,研究方向为环境设计和风景园林。

为提高应用型高校学生实践能力和创新意识,通过分析高校校企合作的形式与困境,阐述工作室制模式解决设计类专业人才培养问题的途径,工作室制人才培养模式以工作室为载体,以项目为依托,将产学研紧密结合在一起,为培养学生创新能力和创业能力,为提高教师的实践教学提供了新的发展模式。

一、环境设计专业创客工作室教学的意义

环境设计类专业自身的专业化程度较高,同时具有很强的实践性特点。环境设计教育的本质就是要培养、造就具有创新创业精神的复合型、应用型设计人才。长期以来,本科高校的应用型人才培养始终存在教育瓶颈,传统教学手段的局限性,课程模式、课程内容与行业岗位能力的要求存在较大差距。以工作室为单位,以项目为载体,以项目带动教学,以项目带动科研,以项目加强校企的实质性合作,建立创新教师工作室,是面向实践创新教学模式的一种改革,其目标是鼓励具有创新思维的学生利用课余时间参与开放实验项目,提高学生应用创新能力,培养设计行业人才。以项目为依托,将产学研紧密结合在一起,开展创新实践活动,构建重要平台和孵化基地,旨在为培养学生的创新实践能力和动手能力,培养学生的创新思维和创新制作能力,满足大学生创新活动的需要和强化大学生课外科研、项目、创新能力训练提供必

要的物质技术基础。

二、环境设计专业创客工作室人才培养内容

（一）主动学习，优化管理

教师工作室自主创新性项目开发过程，是由指导老师组织团队，设计项目目标等一系列过程组成，学生团队组织项目成员执行。为不同层次的学生提供不同的机会，而且在自主开发过程中，学生还能将自己所学的知识运用到整个知识体系优化的过程中，更能培养学生主动学习、自主思考和创新的能力。自主学习是指学生在预设目标指导下，依据各自情况，主动去探索、求知的过程，并最终实现个人预期和未来计划的学习目标的过程。学生通过主动学习能力的培养，锻炼创意想法、创新创造和观察能力，提高学习兴趣，凸显学习理念。学生在有机管理、自我成长、自我鼓励中强调"自主"，自主确定学习目标，自主监督，自主认识学习方式，自主寻求解决问题途径。在整个项目执行过程中，自主学习是学生成长应具备的能力，是学生巩固所学技能、获取技能以及运用所学解决实际问题不可或缺的原动力。

（二）构建创新型实践教学平台

培养学生实践性创新思维的重要平台在教师工作室可以体现更多的优势。数媒学院为培养创新、创意型人才，特别增加了体现创新能力培养，逐步建立"项目统筹管理、项目实施设计、创新创业型时间"的实践教学体系。从项目统筹、项目能力训练到执行能力，再到创新创思维培养，由浅入深，真正做到循序渐进，同时有足够的空间给每个学生。

（三）深化校企合作项目，共同培养优秀人才

从校企合作培养的需要来看，培养优秀人才是高校教育的目标，优秀人才是企业持续发展的动力。更多的企业项目与高校校内工作室合作，可增加项目与专业教学内容的融合度，提高项目质量和影响力，共同完成教学成果的转化。在项目合作的基础之上，校企共同培养加快工作室建设。除企业与高校的合作之外，还注重跨专业、跨学院的协作创新。聘用企业设计总监为创新创业导师，参与工作室的实际项目的实施，使学生提前接触行业要求，达到所学项目设计知识专业化、行业化，项目能力培养全面化。引入企业项目和工作室经费建设，创建融科研、实训、教学为一体的产学研架构，为进一步打造跨地区、跨院校、跨学院、跨专业的创新平台做准备。近年来，环境设计专业工作室实践教学成果显著，"工作室项目制"的人才培养模式不仅将专业教学转变为目标化的校内实训，使学生专业技能中的薄弱环节得到提升，弥补

校外实训形式化的不足，成为高校与企业实质性合作的基础。

（四）"以赛促学、以赛促教"，以工作室为平台，在比赛中提升师生专业能力

学院从应用型人才培养的定位出发，历来注重各级各类专业比赛，通过引导学生参加专业比赛来促进学习与交流，提升实践应用能力。工作室教师以工作室为平台，引入各种专业比赛，让师生在比赛中进一步改进专业教学的方式和方法。2018年1月，以工作室为主体，参加包豪斯国际设计大赛，工作室学生共获得一项二等奖、两项五等奖。2016年6月，以艺匠工作室为主体，联合尚层装饰公司策划"美在校园"空间设计大赛。经多年积累，教师工作室参与各类专业评比和竞赛，实施效果显著。除此以外，工作室导师也积极参与各种专业技能大赛，频频在全国信息化大赛微课比赛中获奖。参赛获奖不仅锻炼了学生的专业能力，带队导师也在参赛的过程中汲取了经验和知识，为基于实践的"教学相长"提供宝贵经验。

三、创客工作室的实践教学方法与总结

广东东软学院环境设计专业经过6年的专业教学改革，建立了设计专业群平台，以及艺术设计教学中心。现有教师工作室3个，加入工作室的学生96人，实施项目20多个，组建由企业专家、高校教师组成的教师团队共15人，将实践教学环节提升至专业课程教学总课时量的69%以上。与企业合作，将企业实际项目贯穿于实践课程的全过程，并聘请企业导师指导学生进行实际项目的实施，使学生接触行业规范。现由企业教师结合工作室师生团队共同完成的项目有创新学院学生宿舍改造、艺园办公空间改造、罗坑镇政府绿化项目改造，达到所学知识专业化，项目设计行业化，能力培养全面化。在工作室的教学工作之中，教师投入大量时间指导学生参加各级竞赛，鼓励学生进行自由创作，在国家级省级创新创业大赛中取得了良好的效果，获得了优异的成绩。已有的实践表明，创新教师工作室建设将理论研究与实证研究紧密联系起来，建立了科学的创新人才培养方案，对创新人才培养起到了积极的促进作用，使学生的专业素质和创新能力得到了显著提高。

参考文献：
[1] 傅媛媛. 对环境艺术设计专业导师工作室制教学改革的思考 [J]. 艺术教育, 2015（7）：264-265.
[2] 葛建伟, 周箭. 导师工作室制创意人才培养模式探索与实践 [J]. 大众文艺, 2017（8）：236-237.

课程建设

新工科背景下"虚拟现实"课程教学改革

李 晶　覃福钿

摘要：在"新工科"背景下，聚焦虚拟现实产业人才需求，以广东东软学院为例，对"虚拟现实"课程进行教学改革，对课程现状进行分析，提出改革方案，阐述改革成效，旨在培养VR产业的应用型人才。

关键词：VR；新工科；教学改革。

作者简介：李晶，陕西商洛人，硕士，讲师，研究方向是软件开发、游戏开发。覃福钿，通讯作者，硕士，研究方向是软件应用开发。

一、引言

新工科还没有具体的定义，但其基本范畴已是共识，即旨在培养能适应和促进新兴产业发展的人才的学科。最新的《普通高等学校本科专业目录（2020年版）》将2019年新增设的虚拟现实技术本科专业纳入其中，多所院校新增虚拟现实技术本科专业。虚拟现实产业是一个新兴产业，虚拟现实技术是一种新兴技术，虚拟现实学科是典型的"新工科"。在"新工科"背景下，广东东软学院聚焦虚拟现实产业人才需求，对"虚拟现实"课程进行教学改革，旨在培养虚拟现实技术（VR）产业的应用型人才。

广东东软学院是一所互联网技术（IT）专业特色的工科院校，软件工程专业是学院的重点建设龙头专业。2016年，软件工程专业列入广东省高校新增重点建设学科名单。"虚拟现实"课程占4学分，64学时，其中，理论48学时，实验16学时，是软件工程专业游戏软件开发方向学生专业必修课程，其先修课程为"游戏程序设计""计算机动画"，同修课程为"游戏程序设计综合实践"，安排在大三第一学期学习。

课程培养目标是让学生了解虚拟现实的概念和所需硬件设备，掌握虚拟现实应用的基本原理，在多种设备、平台基础上，能够利用虚拟现实应用程序的开发技术，做出具体的虚拟现实产品，从而培养出具有良好职业才能和团队合作意识、良好沟通协调能力和创新设计能力的高素质人才。

二、教学现状

"虚拟现实"课程教学内容包括虚拟现实概念及现状、VR 体验类型、Steam VR 插件、HTC Vive 设备、手柄的交互、事件的监听、VRTK 工具、射线、UI 创建、物理系统等。

由于虚拟现实产业的特点,整个开发环节相对复杂,开发过程分为四部分:游戏策划、美术设计、程序开发、项目调试。任何一个部分都会影响项目的最终效果,对学生的技术水平要求较高。游戏课程注重应用性和实践性,在教学过程中要着眼于培养动手能力,使学生真正掌握分析问题、解决问题、构造算法、实践编程和调试程序的方法。目前教学中存在以下问题:①开发工具是英文版,很多学生接受较难;②VR 设备环境搭建烦琐,需要学生有较强的实践动手能力;③学生 C# 编程基础不够扎实,课堂积极性不高,影响课堂教学效果;④学生不能很好地将理论知识转化到实际项目中;⑤教材选取难度大,"虚拟现实"教材数量较少,教材侧重点有所不同。

三、教学改革探索

(一)以 VR 产业需求和学生就业为导向,修订课程内容,建立配套资源

游戏团队的骨干教师进行深入调研,了解 VR 产业需求,联合一批长期工作在游戏开发岗位的企业知名专业人士,聘请游戏界的教育专家和行业专家,以 VR 产业发展和岗位需求为切入点,调整教学内容,建立配套的教学资源。

(二)以新工科培养目标,构建"以学生为中心"的混合模式教学

以新工科培养目标,构建"以学生为中心"的教学模式,重视学生的心理感受,改变传统教学方式、转变教学思路,增加与学生交流互动,强调学生的学习能力和动手能力。本课程在教学过程中,采用案例分析、知识讲解、小组讨论、师生互动、深入剖析、翻转课堂、分组实践等多中心组织课堂教学活动,利用学习通 App 辅助混合模式教学的实施(如图 1 所示),提高学生的学习兴趣,培养学生灵活运用知识、解决复杂工程问题的能力。

为了保证混合教学模式的顺利展开,依托超星平台建立课程资源库,资源库包括习题、电子书籍、推荐视频、扩展阅读、优秀作品展示、课程总结等,定期更新课程资源,学生可以利用碎片化时间,随时随地学习,线上线下进行答疑。

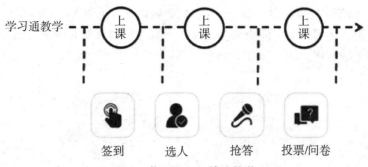

图 1 学习通 App 辅助教学

（三）有效利用实验室资源，培养学生的实践创新能力

本课程的实验占 16 学时，共分为 3 个实验，分别是 VR 设备测试、VR 桌面应用开发、VR 综合游戏开发（如表 1 所示）。实验室是学校创新人才重要基地，实验课程全部是在计算机系统综合实验室完成。实验室拥有高性能、高配置电脑 160 多台、VR 设备 7 套。

表 1 虚拟现实课程实验

序号	实验项目名称	学时	实验类型	主要实验内容	所需仪器设备
1	VR 设备测试	4	验证性	调试 VR 设备的安装、使用、部署，学会 VR 设备基本的运用方法	电脑、虚拟现实设备
2	VR 桌面应用开发	4	验证性	使用 Unity 开发一个桌面的应用程序，实现基本的逻辑操作、视角操作和完整的流程	电脑、虚拟现实设备
3	VR 综合游戏开发	8	综合性	使用 Unity 开发一个 VR 游戏，实现基本的 UI、游戏逻辑、游戏存储、游戏玩法，并掌握发布到 Steam 平台上的方法	电脑、虚拟现实设备

（四）校企协同搭建平台，推动产学融合

2017 年国家产学研项目"CDIO 工程教育模式下的虚拟现实课程的实验教学改革"获得立项。依托东软睿道在行业的优势，校企协同，共享东软睿鼎实训平台、

东软睿道IT创新实验室，共建虚拟现实实验室为学生提供VR实验实训，发挥产学融合推动作用，将理论与实践相结合，使学生真正掌握课堂的理论知识，丰富课程内容，激发学生的创作兴趣（如图2所示）。

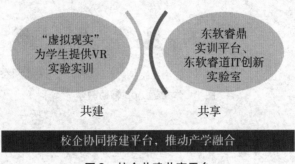

图2　校企共建共享平台

四、改革成效

在"新工科"背景下，本课程通过教学改革，2018—2019年，在大学生创新创业项目中获得立项的项目名称为"基于EasyAR引擎的AR宣传单设计及应用研究（项目编号：201812574023）、《知识荣耀》– 严肃游戏（项目编号：S201912574012）"等，共获得资助1.5万元；计算机设计大赛省级一等奖2项，二等奖2项，三等奖9项，国家二等奖3项，国家三等奖4项；2018年第六届全国大学生数字媒体科技作品及创意大赛，获国家二等奖2项、三等奖7项；2019年优秀毕业论文7篇，即《基于SteamVR的仿真羽毛球游戏设计与实现》《基于3DGameKit的潜行暗杀游戏研究与实现》《基于Unity3D的第三人称动作游戏设计与实现》《基于Unity3D的坦克作战生存游戏的设计与实现》《Unity3D引擎的rpg智能AI设计》《基于Unity的Cel-shading风格ARPG游戏设计与开发》《基于AR增强现实技术的游戏设计与开发》。

五、结语

在"新工科"背景下，聚焦虚拟现实产业人才需求，我院结合办学定位修订教学内容，探索混合模式的教学方法，依托校企合作共建共享平台等，提升了学生的学习积极性，激发了学生的学习兴趣，培养了学生的动手能力和解决综合工程问题能力。

参考文献：

[1] 教育部公布新一批普通高等学校本科专业备案和审批结果［EB/OL］.（2020 – 03 – 05）. http://www.moe.gov.cn/jyb_xwfb/gzdt_gzdt/s5987/202003/t20200305_427816.html.

［2］罗万成. 虚拟现实技术与"新工科"人才培养：以重庆文理学院为例［J］. 重庆高教研究，2018，6（1）：65-77.

［3］聂明娜. 游戏程序设计专业"计算机网络课程"的有效性研究［J］. 牡丹江大学学报，2013，22（12）：164-166.

［4］王千秋，李晶. 软件工程专业中《人机交互技术》课程的教学研究［J］. 课程教育研究，2017（10）：232.

"网络营销"应用型课程建设探索

李 曼

摘要：根据对电子商务专业学生就业和学期的分析，从课程定位、课程设计、课程实施、课程评价四个方面对"网络营销"课程做应用型课程建设的探索，取得了较好的效果。

关键词：网络营销；应用型课程。

作者简介：李曼，副教授，主要研究方向为电子商务。

一、应用型课程建设的背景

电子商务作为一种新型商业模式，在我国经济发展中扮演着重要角色。造成电子商务企业发展压力的最主要因素中，团队人才问题占 62%，人才问题非常突出。《2018 年度中国电子商务人才状况调查报告》显示，62% 的电商企业处于招聘常态化或人才需求强烈的状态，相比其他行业，电商行业人才仍有较大缺口。

电子商务专业学生，目前的就业情况是容易就业，因为社会需求比较大。但是，难以找到比较好的工作，学生就业的起点比较低。其中一个重要的原因就是用人单位反馈学生眼高手低，他们的实践应用能力与预期有差距，因此，需要以技能培养为目标。另外，学生以 "95 后" 和 "00 后" 为主，他们有个性、有想法、喜参与，需要在课堂教学上以教师为中心转变为以学生为中心。基于就业的需要和学情的分析，我们进行了应用型课程改革和实践。

二、应用型课程改革的思路

（一）课程定位

"网络营销"是电子商务专业的一门专业核心课程，它处于整个课程体系的中间，起承上启下的作用。专业基础能力模块理论课程较多，实践创新能力模块以实践操作为主。因此，"网络营销"课程通过理论与实践相结合的方式将不同的课程模块串联起来。首先透过现象看本质，让学生理解网络营销事件背后的理论基础。学生每天都在上网，很多热门的网络事件，他们只是旁观者看看热闹而已。我们期望通过这门课程的学习，学生能够看到热闹背后的门道，并且把这些门道用在真实的营销实践中，让自己从外行变成内行。因此，我们从知识目标、技能目标、态度目标三方面确定课程目标。

（二）课程设计

课程设计原则，以真实项目为载体。项目来自校企合作项目或者学生的创业项目。学生拿着真实项目在真实的网络环境中做营销，以项目小组为中心，真学真做，锻炼学生的真本领，激发学生的学习积极性和主动性，激励学生不断前进。在传统章节式教学中，各章节分离，前后逻辑关系不清晰，实操性不强，不能达到教学目的。因此，我们将传统的知识教学体系重构为行动教学体系，以工作过程构建学习领域，形成3个学习情境。这3个情境的设置由易到难，学习内容循序渐进，能力要求逐步提高。情境1，学生对项目做态势分析（SWOT态势分析），根据项目的实际情况在3个主流的营销平台中，选择一个为主，其他为辅，并完成平台注册和基本信息设置。在情境1的基础上，从简单的图文信息制作与发布开始，逐渐增加难度，制作并发布营销导向的视频信息，而且信息的制作和发布将贯穿整个课程。信息发布后要广泛传播才会有营销效果，因此，在情境2的基础上，学生学习用网络广告、竞价排名、搜索引擎优化（search engine optimization，SEO）等主流的营销推广方法完成推广。这是按企业的工作流程来组织学习任务流程。

三、"网络营销"应用型课程改革的实践

（一）课程实施

应用型人才既不同于精钻理论的学术型人才，也不同于擅长操作的技能型人才，他们不但要有必要的理论基础和专业素养，更要具备将理论应用到生产实践的技能。应用型人才的培养不能依靠传统的"讲授式"课堂教学方式来实现。传统的课堂以教师为主，学生被动地接受知识。老师传授的以理论知识为主，学生知道了这些理论知识不一定能应用在工作实践中。混合式教学将传统教学方式与数字化学习相结合，课堂教学与课下自学相结合，充分利用数字化教学平台和信息化手段，实现优势互补。混合式教学适合应用型大学的培养方式。实践证明，混合式教学能很好地实现应用型课程的教学目的。

课程实施中将教学任务工作化、以学生为主体，做到"教、学、做"一体。以"图文信息制作发布"为例，包括3个循序渐进的任务。第一个任务，老师讲，学生照着做，写出初稿，在课堂上展示。通过学生互评和老师点评，修改提升后正式发布，下次课程前做效果评价和总结。第二个任务，这次老师引导学生分析不同的公司

如何将自己的产品与热点相结合,学生学着做。经过相同的工作过程,学生的作品比第一个任务有明显提升。第三个任务,老师放手,每个组根据本组的实际情况策划活动并发布,学生自主做。在自主学习阶段,基于超星学习通,老师为学生提供了丰富的教学资源,包括课件、实验指导书、学习材料、视频等供学生学习。在课堂展示阶段,在专门的翻转教室,大屏小屏,多屏互动,学生多方位展示营销过程和效果。在同学互评阶段,鼓励学生积极发言,讨论提升。在修改提升阶段,强调小组协作,"做中学""学中做"。在效果总结阶段,营造你追我赶,相互促进的学习氛围。

(二)课程评价

对学习进行评价,以项目实施效果作为评价依据,数字化考核。在每次效果展示、项目中期考核、项目结束时,记录学生的营销效果,并以年级平均分为基础分,奖励用心做效果好的组。我们在课程结束时,还邀请项目提供方或创业导师对项目营销效果做第三方考核。企业满意的项目,多数与学生签订后续的合作协议,并提前给学生发录取通知。

四、应用型课程建设反思

学生对课程改革后的上课方式普遍是正面的反馈,从技能及知识点掌握情况总结来看,学生花时间和精力动手做得最多的,就是技能培养效果最好的。从这点上来看,课程改革很有必要而且也取得了较好的效果。为配合课程改革,我们成立了网络营销社团,成功孵化了两家创业公司,学生做的"食道说"系列视频在优酷的播放量达到276万次。学生的创业项目获得"三创"比赛国家级和省级大奖。老师制作的微课获国家一等奖、广东省二等奖。电子商务专业获评为广东省特色专业。

参考文献:

[1] 网经社-电子商务研究中心. 2018年度中国电子商务人才状况调查报告[EB/OL]. (2019-04-15). http://www.100ec.cn/zt/18rcbg/.

[2] 商务部电子商务和信息化司. 中国电子商务报告(2018)[EL/OB]. (2019-05-30). http://dzsws.mofcom.gov.cn/article/ztxx/ntlbg/201905/20190502868244.shtml.

"Web安全技术"课程实践改革探索

罗海波

摘要："Web安全技术"实践教学是理论教学的重要补充。本文就目前国内外高校该门课程实践教学存在的现状，围绕Web安全技术教学过程的六大难题，通过基于任务/项目的工作过程实践改革探索，通过灵活运用教学法，采用多元化考核机制，进行"Web安全技术"实验课程改革的探索和实践。

关键词：Web安全；实践教学；基于工作过程。

作者简介：罗海波，广东梅州人，广东东软学院讲师，主要研究方向和关注领域为网络空间安全、人工智能。

一、引言

基于Web的互联网应用模式已经成为信息系统的主流。网络安全从过往对网络服务器的攻击防范转移到了对Web应用攻击防范方面。Web系统一般由浏览器、Web服务器和数据库三部分组成。其中，浏览器用于处理用户输入，同时加工来自Web服务器的数据并输出到屏幕；Web服务器用于分析HTTP请求并执行相应功能；数据库用于管理数据并处理Web服务器提出的数据处理需求。Web系统的构成使得不法分子对Web攻击具有以下基本特点：①利用文件上传功能，将Web Shell文件与恶意代码上传到Web服务器，运行Web Shell文件以获取上传文件所在位置，进而控制Web服务器；②利用用户输入功能实施SQL注入攻击，通过输入非正常SQL查询语句获取Web服务器的错误信息，并通过分析这些错误信息实施攻击；③利用文件下载功能将恶意代码散布到网络上的多台PC，并利用浏览器的HTML或脚本代码用于开展XSS攻击或CSRF攻击。不法分子的攻击能够对Web安全构成重大威胁，其原因在于Web系统本身存在的各种缺陷和漏洞，而这些缺陷和漏洞产生的主要原因在于：首先，Internet上的大多数Web站点实际上都是应用程序，它们虽功能强大，但需要在服务器和浏览器之间进行双向信息传递，这种高强度的信息传递过程就给Web攻击提供了可能；其次，建立Web服务器并不需要太多的高深知识与技术，个人就能够较为方便地配置安装如IIS等Web服务器软件，搭建起的Internet服务器可能不需做其他配置便能运行得很好，由此忽视防范Web攻击问题，也不具备相应的能力；另外，由于大量 Web 应用程序可能都是由不同人员独立开发，彼此交互不够，再加上程序开发人员可能根本不了解他们编写的代码可能引起的安全问题，这就使得在 Internet 上集成起来的相当多的 Web 程序存在各种各样的安全漏洞。

人们在 Web 安全方面做出了极大的努力，也取得了很大的成功，但仍然面临挑战。据统计，2017 年全球新增的 Web 安全漏洞数量超过了 2015 年与 2016 年漏洞数量的总和，达到了惊人的 14054 个；与 2017 年相比，2018 年漏洞数量增长 11%，达到 16299 个漏洞。在国内，2017 年 1—10 月，360 网站安全检测平台共扫描检测国内网站 104.7 万个，其中，扫出存在漏洞的网站 69.1 万个（全年去重），占比为 66%，共扫描出 1674.1 万次漏洞。从高危漏洞的检测情况来看，扫出存在高危漏洞的网站 34.5 万个（相比 2016 年的 14 万个网站漏洞，增长了约 1.5 倍），占扫描网站总数的 32.9%，共扫描出 247 万次高危漏洞。

对于应用型本科院校而言，服务于社会经济发展是其根本所在。Web 系统是网络社会的应用主流，Web 安全对于 Web 技术的发展与应用具有重要意义。因此，在开展相关研究与实践的基础上，开设和加强"Web 安全技术"课程，培养具有较高素质的网络安全工程师和技术人才，就成为我们人才培养的职责所在，也是教学改革研究的一项重要内容。我们自 2014 年就在网络工程专业网络安全方向开设了 Web 安全技术必修课程，经过多年的探索实践，取得了一定的成效。本文就是对相应工作的初步总结。本文内容组织如下：第二部分是 Web 安全技术课程教育现状分析；第三部分是针对六大问题进行教改探索；第四部分是对课程改革实际效果评估。

二、Web 安全教学重点的思考

据我们所知，"Web 安全技术"课程教学现状首先是高校信息安全专业方向课程大多围绕密码学、网络攻防和操作系统安全等方面，在课程针对性方面大多不能满足 Web 安全技术教学的要求；从教学内容的角度来看，学术界和工业界对 Web 安全已经有相对固定的共识。可以从浏览器、Web 服务器以及数据库三大方面去组织理论教学。然而，了解、掌握和熟练 Web 安全的知识与技术，还需要有一定强度的实验实践过程支持，而这里的主要问题是有针对性的教学内容选定、有效的教学模式探讨和可检验的实验效果评估等。

根据我们的体会，"Web 安全技术"专业课程教学需要聚焦于如下六个方面。

(1) 安全保障的强技能性。Web 安全涉及浏览器、Web 服务器及数据库，需要安全防护人员或小组在浏览器、Web 应用程序开发、Web 服务器及数据库服务器运维各方面均具备较高的知识及技能水平。

(2) 攻易防难的非对称性。Web 安全漏洞的攻击较为容易实现，但是防御起来较为复杂，需要安全防护人员或小组在 Web 程序编码规范化、审计及加固方面具备较高水平，另外，还需要了解 Web 应用系统业务本身。

(3) 触及法律的高风险性。安全防护人员或小组在做 Web 安全渗透过程中，需要考虑 Web 站点授权安全测试问题，防止有意或无意中踩了边界，触犯了法律。

（4）技能学术的弱关联性。因为容易触犯法律，所以教学过程并不是在实际环境下进行，大部分采用仿真环境、虚拟环境，较少真正使用实际环境进行教学示范。一方面，学生到了真实环境可能无从下手；另一方面，教学容易陷入纯技术实践，在学术层面输出较少。

（5）宿主技术的后伴生性。随着计算机技术以及通信技术发展，Web 应用系统技术也不断地发展，教师授课的内容也要与时俱进，这给教师备课带来了极大的挑战。

（6）技能水平的难鉴别性。目前，国内有软件水平考试的信息安全工程师、NISP 系列、CISP 系列以及 CISAW，国外有 Security +、道德黑客、CISSP 等证书，但均偏理论或涉及 Web 安全技术内容较少，Web 安全人才技能评价标准较不完善。

根据上述考虑，我们在设计 Web 安全技术实验教学内容时，要从实用角度出发，紧跟当前 Web 安全技术的行业和技术发展态势，围绕当前主流的 Web 安全问题，以着重培养掌握 Web 安全技术实用攻防技能的应用人才为目标，设计出符合应用型本科院校网络工程专业学生需求的 Web 安全技术实验教学体系。

三、教学过程的设计与优化

Web 安全技术应该结合理论，通过大量的实践操作，培养学生具备计算思维、攻防思维、编程思维和安全管理思维，使学生了解 Web 安全热点、Web 安全技术原理，掌握分析问题、解决 Web 安全问题的方法；同时，使学生在学习过程中，坚定中国特色社会主义建设的正确政治方向，树立科学的世界观、人生观和价值观，具备良好的思想道德素质、科学文化素质和身心素质等。本文就应用型本科培养的要求，从以下几个方面，对 Web 安全技术实验教学进行研究与探索。

（一）教学内容的设计

从教学内容来看，可以将内容分为技术层面和管理层面。技术上包括浏览器安全、Web 服务器安全、Web 代码安全、数据库安全，操作系统安全，管理上包括 Web 管理安全、法律意识。根据教学大纲要求，结合当前 Web 安全热点，按照由简到繁、由易至难的原则设计实验任务或实验项目，以设计性、综合性任务/项目为主，以验证性为辅。Web 安全技术涉及的知识点相对繁杂，在课堂上面面俱到也不合理，所以合理运用学生课余时间，使得学生了解、掌握、熟练相关实验任务/项目是非常有必要的。

课堂教学/实验将分别对相关漏洞的概念、测试流程、具体的实验演示（从发现漏洞到漏洞的利用）、漏洞代码分析、防范措施、扩展信息进行讲解。同时，课堂内容也尽量体现基于工作过程，实验任务/项目可以变化，但是实验的工作过程不变化。

课程内容选取不限于如下：暴力破解漏洞、SQL Inject 漏洞、XSS 漏洞、CSRF/SSRF/XXE 漏洞、不安全的文件上传漏洞、文件包含漏洞和命令注入漏洞等。

课堂实验比较基础和简单，主要形式有三种：一是入门/基础级别的实验，二是提高级别的实验，三是设计级别的实验。入门/基础级别的实验是教师提需求、写实施步骤、教学生做，简称"教着做"或"带着做"，教师是主角，学生是配角。提高级别的实验是教师提需求、写实施步骤，教师不做，学生学着做，简称"学着做"。设计级别的实验是教师提简易需求，教师不做，学生设计、写步骤，学生自己做，简称"个人做"。这个级别难度稍高，目的是使得学生有创新和发挥的余地，在参加工作之后，可以满足企事业单位的业务模式。还有一种综合级别的实验比较复杂，教师提复杂需求，不参与，几个学生设计、写步骤、一起做，简称为"团队做"。其与个人做的区别是，多了团队协作部分，这种类型的实验一般放在小学期实践、课外实验或课外作品。这些项目可以是独立的任务，也可以由多个任务组成。思路如图1所示。

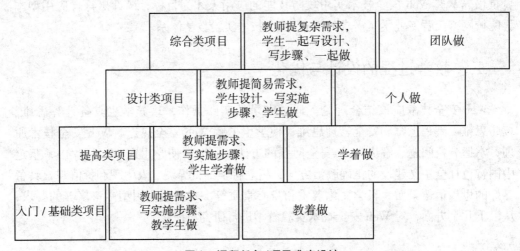

图1　课程任务/项目难度设计

（二）教学模式的探索

Web 安全技术安全保障具有强技能性以及技能水平的难鉴别性，合适的授课方法可以调动学生的学习兴趣与积极性。因此，可以多种教学方法灵活运用，这些方法大部分以学生为中心。不限于传统教学方法、探究式学习方法、问题导向的学习方法、围绕任务的学习方法、基于项目的学习方法、合作学习方法、基于团组的学习方法以及能力本位的学习方法。

课堂实验主要采用教师对相关漏洞的概念、测试流程、具体的实验演示（从发现漏洞到漏洞的利用）、漏洞代码分析、防范措施、扩展信息进行讲解，以任务/项目驱动学生学习。以 SQL Inject 漏洞模块为例，设立如下：

入门任务1，通过手动获得数据库相关信息；入门任务2，通过手动获得操作系统权限。

提高任务1，使用Burp Suit工具获得数据库信息；提高任务2，使用SQLMap自动化获得数据库信息及操作系统权限。

设计任务1，在提高任务的基础上，通过DOS命令行，创建隐藏用户，并将该用户加入为管理员组，同时打开3389端口/远程桌面服务；设计任务2，数据库注入漏洞盲注的实践过程。

通过不同级别的任务，使得学生最终可以了解、掌握工作过程的方法，例如，咨询、决策、计划、实施、自评、他评、改进。同时，也培养了学生的计算思维、攻防思维、编程思维和安全管理思维。

课外实践，积极鼓励学生参加学院、省级、国家级别的创新项目、科研项目、课外设计、对抗演练以及基地学习，形成学研训赛循环一体。

（三）实验环境与考核方式优化

由于Web安全技术触及法律的高风险性以及技能学术的弱关联性，首先，我们搭建自有的虚拟环境和仿真环境实验平台，例如使用开源的DVWA[①]以及BWAPP；其次，要求学生注册实验吧[②]、i春秋实验平台[③]或其他相关平台学习Web安全技术相关内容；最后，积极鼓励学生参与各大企业网站开放的SRC任务、漏洞盒子发布的任务[④]、广东省网络安全应急相应平台发布的任务[⑤]等，这类任务因为是真实环境，是目前测评学生能力的标准。

学生实验考核有多种，其中出勤占10%、实验占40%、期末成绩占50%。

为了鼓励学生积极学习，Web安全技术考核人性化部分包括：①按时完成加分，例如，教师以入门任务示范，要求学生在规定的合理时间内完成实验并截图到学习QQ群，教师按时间统计分数，可以放在课堂积极表现分，适合入门/基础级别的实验；②学生按要求完成实验后，教师按评分点给分，适合提高级别的实验；③学生在提高级别的实验基础上完成教师发布的设计级别的实验，可以在实验总分之上加分，如加1～5分；④学生在i春秋平台或其他相关平台学习Web安全技术相关内容，可在实验总分之上酌情加分，如加5～10分；⑤学生在各大漏洞平台提交漏洞并得到认可后，可在期末总分之上酌情加分，如加5～10分；⑥学生根据授课内容在相关杂志、学报发表论文，可在期末总分之上酌情加分，如加10～20分；⑦鼓励学生参加各类CTF赛事，获奖后，可在期末总分之上酌情加分，如加5～10分。以上分数

---

① http://www.dvwa.co.uk/.
② http://www.shiyanbar.com/.
③ https://www.ichunqiu.com/.
④ https://www.vulbox.com/bounties.
⑤ https://www.gdcert.com.cn/.

可以累计，总分不超过 100 分。

最后，还有一种考虑，目前尚未实践，有待改进。即学生的成绩，如课程设计成绩，除自评、教师评外，还可以采用小组互评、校外专家点评。

四、课程改革建设成效评估

我们在 2018—2019 年度学第 2 学期的 63 名 2015 级网络工程本科生的实验教学中，部分采用所设计的方案进行实证分析。选取 SQL Inject 漏洞、XSS 漏洞课程进行。

对于 SQL Inject 漏洞中设计任务 1，63 名学生全部顺利完成。在完成质量上，仅少部分学生没有完成教师提出的扩展要求（具体内容是获得 OS 的 Shell 后，通过命令行增加普通用户，通过命令行将普通用户加入管理员，开通远程桌面服务，并测试服务是否可用）。大部分学生并没有学习操作系统安全，但还是完成了设计性任务。

对于 XSS 漏洞中设计任务 1，63 名学生中 57 人能顺利完成。在完成质量上，均可通过盗取的 Cookie 仿冒普通用户登录。其余 6 名学生通过脚本，可以获得 Cookie，但是未能通过 Firebug 修改 Cookie，其中，4 名学生是因为 Firefox 版本过高，无法安装，另外 2 名学生是因为在 DVWA 环境中难度级别没有选对。

有 30 人注册了实验吧，有 20 人注册了 i 春秋；有 24 人 8 组报名参加 2018 年"湖湘杯"网络技能大赛，有 9 人 3 组排名前 600，进入复赛，有多人正在撰写与 Web 安全技术相关的论文；有 27 人参加了广东省"红帽先锋"，其中 8 人收到广东省公安厅网警总队表扬信，并获得广东省计算机信息网络安全协会"优秀安全人才"称号；同时获得广东省计算机信息网络安全协会"优秀红帽指导老师"称号，学院也收到广东省公安厅网警总队表扬信。

五、总结

本文对 Web 安全技术实验教学设计、实验环境、实验授课方法、实验考核等环境进行了改革的探索。以基于任务/项目的工作过程为主，以个人演练、课外实践、课外竞赛为辅进行实验教学安排。注重提升学生工作能力，激发学生学习热情，培养学生的计算思维、攻防思维、编程思维和安全管理思维，从而提高教学效果及教学质量。我们需要继续努力的方向为加大 Web 安全技术知识的广度以及深度，为粤港澳大湾区建设贡献绵薄力量。

参考文献：

[1] 赵诚文，郑暎勋. Python 黑客攻防入门［M］. 武传海，译. 北京：人民邮电出版社，2018.

[2] SERKAN Ö. CVE Vulnerabilities By Year［EB/OL］.（2017–12–18）. https://

www.cvedetails.com/browse-by-date.php.
[3] 2017中国网站安全形势分析报告［EB/OL］.（2018-01-23）. http://zt.360.cn.
[4] 林玉香,刘岩.《Web安全技术》实验教学创新初探［J］,网络空间安全,2017,8（C4）:103-105.
[5] Stanford Web Security Research［EB/OL］.（2014-02-18）. http://seclab.stanford.edu/websec/.
[6] ZALEWSKI M. The tangled web: a guide to securing modern web applications［M］. San Francisco: No Starch Press, 2011: 14-17.
[7] 中央办公厅. 关于在全体党员中开展"学党章党规、学系列讲话,做合格党员"学习教育方案（2016-02-29）. http://dangjian.people.com.cn/n1/2016/0229/c117092-28157687.html.
[8] 姜大源. 关于工作过程系统化课程结构的理论基础［J］. 职教通讯, 2006（1）: 7-9.
[9] 姜大源. 职业教育学研究新论［M］. 北京: 教育科学出版社, 2007.
[10] 沈发治, 张新科. 以工作过程系统化为导向的化工技能型人才培养模式改革的探索与实践［J］. 中国职业技术教育, 2010（17）: 92-94.
[11] BWAPP: 一款非常好用的漏洞演示平台［EB/OL］. http://www.freebuf.com/sectool/76885.html.
[12] 项显献. SRC是企业安全的必备［J］. 网络安全技术与应用, 2016（11）: 8-9.
[13] 张永棠, 罗海波. 考虑用户-发布者关系的个性化微博搜索模型［J］. 电子科技大学学报, 2018（4）: 626-632.
[14] 罗海波, 张永棠, 李振达, 等. 关于XSS的原理以及防范措施的探究［J］. 福建质量管理, 2017（4）: 118.

教师教育教学改革典型案例
——"大学英语Ⅰ"课程翻转课堂教学改革

潘文涛

摘要：本文从课程概况、改革思路、改革举措、改革成效及影响等方面概述了在2018—2019学年第一学期对公共外语专业必修课"大学英语Ⅰ"课程进行翻转教学改革的情况。在文章末尾还对该学期翻转教学的教学效果进行了反思，希望能对今后的公共英语教学有一定的借鉴作用。

关键词：翻转课堂教学；大学英语；反思。

作者简介：潘文涛，广东东软学院外国语学院专任讲师，从事英语教学工作24年，主要研究方向是高校大学英语教学。

一、课程概况

大学英语是公共外语专业的必修课程，占4个学分，每学期共64学时。它在人才培养方案中属于公共必修模块，是各个专业的专业英语课程的基础课程，也是培养学生人文素质的一门必修课程。该课程在本科非英语专业共开设两学年，分别为"大学英语Ⅰ""大学英语Ⅱ""大学英语Ⅲ"以及大学"英语Ⅳ"课程。这门课一直都是大班分层教学，人数从50多人到90人不等，每班由不同专业的学生组成，学生之间需要很长时间才能相互熟悉，而且传统教学模式里都是教师讲得多，学生练习少。此外，本科非英语专业学生没有开设口语课程。因此，我们设想在打好语言基础、提高英语综合应用能力的总体目标下，在保证四级通过率的前提下，利用新型的教学模式，关注学生的学习兴趣和学习方法，注重培养学生的实践能力，给学生提供更多说英语的机会，使学生能娴熟地用英语进行基本的日常交际。

二、改革思路

翻转课堂是信息时代的一种产物。当前，伴随着社会经济的快速发展，信息化技术得到了有效的改进和创新，教育信息化为全面促进教育教学改革提供了新型的理念以及环境。在这一阶段中，翻转课堂随之产生。笔者在2018年4月接受了利用蓝墨云班课进行翻转课堂教学的培训，充分体会到它作为一种新型模式，不仅可以提升学生的学习能力，对大学生学习起到了良好的帮助，还促进了教学工作的稳定开展。

三、改革举措

翻转课堂也称为"颠倒课堂"，其操作过程为通过对知识传授以及知识内化的颠倒性安排来转换传统教学中师生的角色，并且合理地规划课堂时间，是一种新型的教学方式，将其应用于大学英语教学中，能产生极好的效果。尤其是在课堂中，学生能够居于主体地位，而教师可以采取从旁协助以及教导的方式来提升学生的学习水平，满足学生的需求，从而在一定程度上促进学生更好地学习。从应用情况来看，翻转课堂大多以较短视频的形式，如微课呈现出来。换句话说，翻转课堂是在互联网技术不断改进和完善的基础上所形成的一种新型教学模式。

该模式操作过程为课前—课中—课后。课前，学生利用线上学习资源、视频资料、习题库等自主预习，并通过教师提供的练习和答案检测自己的学习效果。课堂上，学生可以把自己在学习过程中遇到的解决不了的问题在教师辅导的过程中加以解决，教师通过组织指导学生参与不同的课堂活动，如 presentation、roleplay、mind/word map 和成果汇报、小组讨论、头脑风暴等巩固学生要掌握的知识点。此外，教师还可根据学习平台了解到的学生的学习情况，进行个性化的学习辅导。课后，学生可以反复观看教师录制完成的教学视频，并且根据自己所掌握的程度进行复习巩固，以此丰富自身的知识，提升知识掌握能力，甚至可以利用平台和同学及老师进行讨论交流，学生解答的过程其实也是对所学知识马上应用的展现。

四、改革成效及影响

（一）"大学英语Ⅰ"课程目标

通过本课程的理论教学，帮助学生打下扎实的语言基础，掌握良好的语言学习方法，提高文化素养，使学生具有较强的阅读能力和一定的听、说、写、译英语综合应用能力。这是针对全体学生所设，还可具体细分为以下几个要求。

1. 知识目标

（1）听力理解能力：能听懂英语授课；能听懂日常英语谈话和一般性题材的讲座；能听懂语速较慢的英语广播和电视节目，并掌握其中心大意，抓住要点；能运用基本的听力技巧。

（2）口语表达能力：能在学习过程中用英语交流，并能就某一主题进行讨论；能就日常话题用英语进行交谈；能经准备后就所熟悉的话题做简短发言，表达比较清楚，语音、语调基本正确；能在交谈中使用基本的会话策略。

（3）阅读理解能力：能基本读懂一般性题材的英文文章；能就阅读材料进行略

读和寻读；能借助词典阅读本专业的英语教材和题材熟悉的英文报刊文章，掌握中心大意，理解主要事实和有关细节；能读懂生活中常见的应用文体的材料；能在阅读中使用有效的阅读方法。

（4）书面表达能力：能完成一般性写作任务；能描述个人经历、观感、情感和发生的事件等；能写常见的应用文；能在半小时内就一般性话题或提纲写出不少于120词的短文，内容基本完整，中心思想明确，用词恰当，语意连贯；能掌握基本的写作技能。

（5）翻译能力：能借助词典对题材熟悉的文章进行英汉互译，译文基本准确，无重大的理解和语言表达错误。

2. 能力目标

经过本课程的理论教学，培养学生的英语综合应用能力，在学完本课程和后续课程后基本达到国家大学英语六级考试的要求。

3. 素质目标

通过本课程语言知识和文化知识的教学，提高学生的人文知识积累和文化素养，培养并提高学生的语言交际能力和跨文化交际能力。

（二）"大学英语Ⅰ"翻转课堂课程设计

笔者自2015年以来一直任教本科"大学英语"课程，对学情、教材和大学英语的发展有一定的了解，在2018—2019学年第一学期担任两个A班（班级学生高考英语成绩在102分或以上）教学，充分发挥教师的优势，让学生的知识面更广，所学知识更为深入。笔者打算采用翻转课堂和对分课堂的模式，在整个"大学英语Ⅰ"课程要求的基础上，针对A班制订翻转课堂的教学计划，期待能通过翻转课堂这种新型的教学模式达到以下目标：①帮助学生打下坚实的词汇基础。②掌握良好的语言学习方法，培养自学能力，尤其是课前预习、课后复习的学习习惯。③培养学生一定的英语会话能力，如能在学习过程中用英语交流；能就日常话题用英语进行交谈；能在准备后就所熟悉的话题做简短发言。④通过英语四级及六级考试（以及口试）。

以下是2018—2019学年第一学期"大学英语Ⅰ"课程设定的翻转课堂详情：

第一次翻转：就友谊、朋友等话题进行口头表达训练。

（1）课前学习资源：在翻转课堂的前一周，教师开放课程翻转使用的网络资源，包括视频和课件等资源；学生完成线上资源的学习，并对所给出的话题做好准备，列出发言提纲，为线下课堂讨论打好基础。

（2）课中练习与统一辅导：通过课中分组讨论，内化相关知识。对于容易表达错误的知识点，教师进行统一讲解，有针对性地解决学习重点及难点。

（3）课后作业与反馈：学生课后继续完成练习，教师通过蓝墨平台及微信平台对学生的疑问及时进行答疑。

第二次翻转：分组学习课文，检查线上学习结果。

（1）课前学习资源：在翻转课堂的前一周，教师开放课程翻转使用的网络资源，包括视频和课件等资源；学生完成线上资源的学习，自学文章内容，记录不懂的地方留待课堂答疑。

（2）课中练习与统一辅导：把学生分成若干小组，把课文分成若干段落，要求每组完成所分配段落的字、句、语法等讲解，并回答其他小组的问题。整篇文章完成后，马上线上完成语法上的填空题。最后按小组讨论文章中心内容。

（3）课后作业与反馈：学生课后继续完成练习，教师通过蓝墨平台及微信平台对学生的疑问及时进行答疑。

第三次翻转：检查线上练习答案。分组讨论文章所引拓展的内容，文化差异在饮食上的表现。

（1）将全班学生分成若干小组，让学生提前做好幻灯片的讲述资料。

（2）课前学习资源：在翻转课堂的前一周，教师开放课程翻转使用的网络资源，包括视频和课件等资源；学生完成线上资源的学习，做出相关的课程练习，分组完成关于饮食文化差异的幻灯片。

（3）课中讲授与统一辅导：通过课中每组派代表对各自幻灯片内容的讲述，教师做补充和点评，帮助学生把所学知识内化；学生互评后，再进行练习、讨论和补充，使学生更好地掌握该问题。

（4）课后作业与反馈：学生课后继续完成练习，教师通过蓝墨平台及微信平台对学生的疑问及时进行答疑。

图1是学生上台表演课文内容。

图1　学生上台表演课文内容

第四次翻转：分层分组讨论现代科技对人们生活的影响。

（1）课前预习：翻转课堂前，教师发布设计项目和要求；学生需在课前选择一种现代科技,并讲述该技术对自己生活所造成的影响。

(2)课堂要求:学生根据设计项目要求,进行成果展示;教师组织讨论与点评,并对内容进行深化,学生小组互评。

(3)课后内容:学生结合课堂学习,完善自己小组讨论结果并提交线上;教师完成成绩评价的记录,及时答疑解惑。

第五次翻转:分组讨论如何与陌生人打交道。

(1)课前预习:在翻转课堂的前一周,教师开放课程翻转使用的网络资源,包括视频和课件等资源;学生完成线上资源的学习,并对所给出的话题做好准备,列出发言提纲,为线下课堂讨论打好基础。

(2)课堂要求:学生根据话题要求,进行头脑风暴激发创意,再采用世界咖啡的方式(即端杯咖啡或茶水,轮桌转一转,去分享自己的方案或见解)对内容进行深化。

(3)课后内容:学生结合课堂学习,总结并完善发言方案;教师组织学生互评,及时答疑解惑。

第六次翻转:分组讨论网上购物以及拍卖活动。布置下周翻转课堂线上学习内容。

(1)课前学习资源:在翻转课堂的前一周,教师开放课程翻转使用的网络资源,包括视频和课件等资源;学生完成线上资源的学习,并对所给出的话题做好准备,列出发言提纲,为线下课堂讨论打好基础。

(2)课中练习与统一辅导:通过课中分组讨论,进行头脑风暴激发创意,再采用思维导图的方式对内容进行深化。对于容易表达错误的知识点,教师进行统一讲解,有针对性地解决学习重点及难点。

(3)课后作业与反馈:学生课后继续完成练习,教师通过蓝墨平台及微信平台对学生的疑问及时进行答疑。

第七次翻转:分组讨论实体店购物和网购的优缺点等。

(1)课前学习资源:在翻转课堂的前一周,教师开放课程翻转使用的网络资源,包括视频和课件等资源;学生完成线上资源的学习,并对所给出的话题做好准备,列出发言提纲,为线下课堂讨论打好基础。

(2)课中练习与统一辅导:把学生分成两组,各自选好立场进行英语辩论。建议学生使用头脑风暴激发创意,再采用思维导图的方式深化对内容的理解。按照辩论的要求组织学生逐个发言。

(3)课后作业与反馈:学生课后继续完成练习,教师通过蓝墨平台及微信平台对学生的疑问及时进行解答。

下面是学生课堂绘制的网上购物流程图(如图 2 所示):

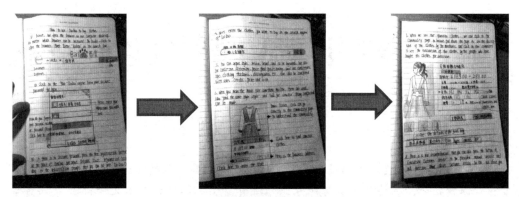

图 2　学生绘制的网上购物流程

(三)"大学英语 I"课程翻转课堂考核方式

考核方式采用"在线学习 10% +课堂讨论 10% +考勤 10% +口语考试 20% +平时作业 10% +期末考试(线下实践)40%"的分配比例。在线学习和课堂讨论占总评的 20%,两次口语考试占总评的比例也提高了,更加符合翻转课堂想要提高学生口头表达能力的初衷。适当地提高平时成绩占总评的比例,可以让学生更积极主动地参与到翻转课堂教学和学习中来,变被动学习为主动学习。整个考核方式也是较为全面和合理的。

五、"大学英语 I"课程翻转课堂教学效果和反思

笔者使用蓝墨云班课进行"大学英语 I"课程翻转课堂教学已经有一个学期的时间了。利用云班课这个平台,可以转换课上以及课下的英语教学流程,将英语课程基础知识的传递由之前的课上转移为课下,在上课的时候更多关注的是学生课下学习英语时遇到的相关问题,并且加以解决和讨论。结合云班课的各项功能,笔者不断改变教学方法,尝试不同的课程设计,以追求更好的教学效果。

开展翻转课堂教学,能更好地调动学生的积极性,真正做到以学生为中心,课前的学习要求使学生的自主学习能力得到充分的锻炼。翻转课堂教学使得教学效果明显提升,学生的课堂参与度和学习兴趣也明显提高,通过大量的小组活动,加强团队合作精神。这一方式对教师也是有利的,不仅能够节省教师讲授的时间,还从一定程度上加深了教师和学生之间的沟通以及交流。今后,教师还需对蓝墨云平台的使用继续深入学习,并且不断地扩充教学和学习资源,增加英语微课数量,及时反馈学习效果,增加学习资源支持度。

本科"机器学习"课程教学改革探索与实践

苏 康

摘要："机器学习"是对能通过经验自动改进计算机算法的研究，已成为本科人工智能核心课程之一，在整个人工智能专业领域有着重要的地位。本文分析了"机器学习"课程在教学内容、教学方式、教学环节中存在的问题，提出科学合理地安排教学内容和目标，从案例驱动教学法、启发探究式教学法、加强实践环节等几个方面对该课程改革进行了探讨，倡导主动学习，培养学生的创新能力。

关键词："机器学习"；教学改革；创新；实践教学。

作者简介：苏康，硕士，研究方向为"机器学习"。

一、引言

近年来，随着深度学习和神经网络在图像识别、自然语言处理、智能机器人和大数据医疗等领域的广泛应用，人工智能在各行各业受到了高度的重视。2017年7月，国务院印发并实施的《新一代人工智能发展规划》明确了我国要把握人工智能发展的时代机遇，发挥我国人工智能的先发优势，加快建设创新型国家和科技强国。2018年4月，教育部发布的《高等学校人工智能创新行动计划》指出，高校需要紧随前沿科技，重视基础研究，提升高校人工智能领域科技创新、人才培养和服务国家需求的能力。

"机器学习"作为本科人工智能核心课程之一，涉及线性代数、概率论与数理统计、信息论、高等数学、矩阵论、凸分析等多门学科，其具有理论性强、实践要求性高和多领域交叉的特点，因此需要学生具备良好的数学理论基础和计算机编程基础。如何在本科教学过程中充分调动学生的积极性，培养学生的创新意识和创新能力是课程教学的重要因素。

本文总结了本科"机器学习"教学过程中存在的典型问题，针对教学内容碎片化、教学方式单一化和教学环节传统化的三大痛点，探讨科学合理地整合教学内容、融合多种教学方法、理论实践教学相结合的教学改革思路，从而提高"机器学习"课程的教学水平。

二、"机器学习"课程存在的问题

"机器学习"是面向软件工程大数据与云计算方向的专业必修课,先修课程包括线性代数、概率论与数理统计、数据结构及大数据处理程序语言。课程对数学理论推导要求高,实践环节需要学生具备 Python 的编程基础。因为部分本科生的数学理论基础薄弱,所以容易产生畏难情绪。另外,随着最近几年"机器学习"尤其是深度学习理论的不断丰富,教学方式和教学方法的改进显得更为迫切。

(一)教学内容碎片化

"机器学习"很多的应用案例都是为了解决实际的问题,如手写字体识别、音乐分类、人脸识别等。该课程难免会同模式识别、计算机视觉、自然语言处理等交叉。此外,"机器学习"是一门快速发展的学科,新的思想、方法、技术和研究不断涌现,导致课程体系扩大的过程中学生的知识结构碎片化。传统的"机器学习"授课中,数学基础扎实的学生适应性强,一般的计算机专业的本科生掌握理论过程难度较大,因此,本科教学注重算法运用。这种侧重应用教学的问题在于学生对知识的迁移能力较弱,不能举一反三。例如,最小二乘法和局部加权线性回归理论关联度大,不注重理论教学,则会让学生对算法应用场景产生困惑。另外,集中理论式授课起点高,学生不能很好地吸收授课内容,在一定程度上会使得学生逐渐丧失学习的兴趣和信心。

(二)教学方式单一化

目前,"机器学习"课程教学方式以讲授为主,课堂教学普遍使用板书和幻灯片,学生以被动理论学习为主,实验课时有少量动手发挥的空间。单一化的教学方式缺乏师生互动,属于灌输式教育,长此以往会使得学生听课注意力难以集中,逐渐对深入学习课程失去热情,而且不能有效地激发学生的创造力和自主思考解决问题的能力,教学效果较差。

培养模式与就业需求之间存在鸿沟。作为专业必修课程,培养目标是为学生将来从事专业工作打基础。但是,目前的教育理念、课时分配、实验平台同企业需求不契合,企业侧重的业务能力、实践能力在传统的课堂教学培养模式中不能得到有效的培养。为此,教育工作者尤其需要关注如何在日常教学中培养学生的创新意识。

(三)教学环节传统化

"机器学习"的教学环节传统化,主要归因于教师只注重理论教学,课程没有配套的实验教学环节。这种培养方式忽略了学生动手能力的提高,从而导致学生缺乏对算法应用背景的直观感受,不能灵活运用掌握的知识。

三、课程教学改革探索

(一)教学内容和教学目标

"机器学习"课程内容丰富、实践性强、综合性高、应用场景广,所以,确定教学内容是课程教学的首要任务。如图1展示了梳理后的"机器学习"课程知识结构思维导图。教学内容应当包含基础部分、主要算法和综合实践三个部分。

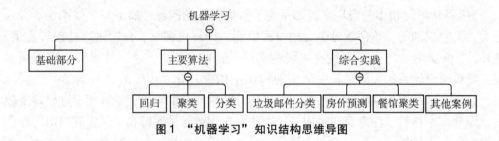

图1 "机器学习"知识结构思维导图

科学合理安排教学内容。基础部分的数学基础和学生的先修课程存在重叠,应在有限的教学时间内有选择性地回顾重要的知识点,避免重复。本课程选用的教材是Peter Harrington著的《"机器学习"实战》。该教材对"机器学习"训练模型评价和特征工程讨论较少,为此,本课程对这部分进行了补充。

细化教学目标。本课程强调掌握算法流程、分析场景具体问题、在实践中理解概念原理,为加强学生对理论的理解。教材中包括KNN、决策树、朴素贝叶斯分类器、逻辑回归、SVM、集成学习、线性回归、CART、KMeans、关联分析、数据降维等,涵盖内容多,层次性高,不适合本科教学。整合后的算法介绍以回归、聚类和分类三大任务为框架,以"机器学习"十大经典算法为核心,组织教学内容讲解。

问题导向,实践驱动。课程面向群体的培养目标是提高动手实践能力、扩大知识面、学以致用。选用教材的特色之一是包含丰富的实践案例,案例从采集数据、数据预处理、可视化分析数据、训练算法、测试算法和使用算法6个维度细致描述。案例讲述贴近工程实践,结合实际问题和算法解决思路,生动地描述算法优缺点而不乏趣味性,对增强学生的创新意识具有一定的作用。

(二)教学方法

教学方法改革是提高学生思维能力和创新意识的重点。"机器学习"课程是面向高年级本科生的专业必修课程,处于这一阶段的学生具备一定的自主学习能力和研究能力。这就要求老师在教学过程中以学生为主体，发挥引导作用，引导学生思考问题产生的背景、概念提出与理论方法、研究思路与算法实现的过程。

1. 案例驱动的教学方法

案例驱动的教学方法能够使得学生深切地体会"机器学习"算法的应用效果。如图2所示，应用主成分分析（PCA）算法对灰度的熊猫图像降维之后，熊猫图像的细节纹理的逼真度随着主成分个数的增加而改善。由此，引出降维算法的共性在于减少原始数据量和加速运算，并说明降维过度导致信息失真的后果。图像压缩是一个典型的数据降维过程，以自然信号的"冗余性"为起点展开讨论，围绕协方差矩阵的特征值分解的数学原理，阐述 Python 的 Numpy 数据库的使用，最终从二维数据的投影迁移到多维图像数据的降维。整个过程综合了实际应用场景、数学原理和编程动手实践。选用有趣的案例可以使课堂更加活跃，使得更多的学生积极参与进来，利于增强学生学习的兴趣和信心。

图2 主成分分析（PCA）对熊猫图片的压缩效果

2. 启发式、探究式教学

启发式、探究式教学旨在训练学生独立思考的能力，领略创新，敢于向旧的框架提出挑战。教学过程中传授以往问题的解决方法，鼓励学生思考影响结果准确性和可靠性的因素，深度挖掘传统方法的局限性和改进策略。同时，倡导学生查找和阅读文献，培养他们主动探索问题的习惯。教学内容上适当添加科技前沿研究进展和热点问题，扩展学生的视野，营造科学探索氛围，因而加深学生对知识点的理解。如图3所示，学生运用聚类算法对高光谱图像数据聚类，可以找出样本中的两种花粉细胞。启发和探究性在于让学生把不同光谱波段的图像视为特征，查找相关文献，研究波段预处理的方法，不限定特定的聚类方法，甚至允许使用半监督式的算法对原始图像区域打标签。启发式、探究式教学对开发思维能力、培养创新意识、锻炼动手能力都具备促进作用。

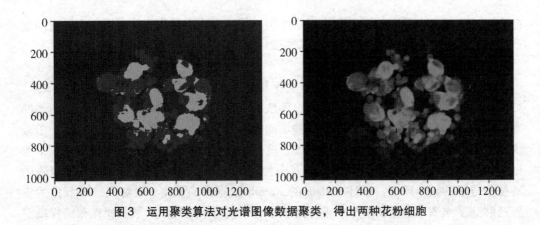

图3 运用聚类算法对光谱图像数据聚类,得出两种花粉细胞

(三) 加强实验、实践训练

实践是检验真理的唯一标准。知识的掌握需要经过感性阶段和理性阶段,顺应学习的客观规律,才能激发学生的学习积极性和热情。无论是应用实践还是科学研究,培养实践能力都是必不可少的。"机器学习"课程实践环节分为两个部分:上机实验和综合项目实践。上机实验要求覆盖实验原理、平台环境、实验步骤、实验结果和实验过程中出现的问题及解决方法等内容。该课程选用红亚科技的大数据与云计算实验平台,平台上集成了丰富的实验案例。综合项目实践是老师根据前沿科学和热点研究设计完成,指出需要储备的知识背景,设定项目标准和要求。鼓励学生自由分组完成,不限定选用的"机器学习"算法和工具包。互动形式不限于课堂,固定时间线上交流,为学生答疑解惑,增强师生之间的沟通,提升学生对教师的认可,从而提升学生的学习兴趣。

四、结语

本科生的"机器学习"课程教学应当巩固理论基础、加强实践、注重培养创新能力,从而为社会主义现代化建设输送创新型人才。经笔者调研分析,总结了现阶段本科"机器学习"课程教学存在的问题,提出合理安排教学内容、改进教学方法和加强实践环节的措施。今后的教学工作会多采用交叉综合实践案例,运用在线课堂等现代化教学资源,丰富教学手段。

参考文献:

[1] 尹靖,王润北. 人工智能与产业发展的关系综述 [J]. 信息系统工程,2019 (1):145-146.

[2] 姚兴华,吴恒洋,方志军,等. 新工科背景下机器学习课程建设研究 [J]. 软件导刊,2018 (1):221-223.

[3] 合林顿. 机器学习实战［M］. 李锐，等，译. 北京：人民邮电出版社出版，2013.

[4] WU X, KUMAR V, et al. Top 10 algorithms in data mining［J］. Knowledge and information systems，2008，14（1）：1-37.

[5] SU K, ZHU S, et al. Classification of bee pollen grains using hyperspectral microscopy imaging and fisher linear classifier［J］. Optical engineering，2016，55（5）：053102.

以计算思维为导向的大学计算机基础教学的改革探讨

吴 凡

摘要：本文通过对计算思维的现实意义的阐述，以及对当今大学计算机科学教学现状的分析，探讨课程定位，以及如何以计算思维为导向，以培养学生运用计算思维去分析、处理在自己专业领域里遇到的实际问题的能力为目标的大学计算机基础教学的改革方案。

关键字：计算思维；计算机基础教学；改革方案。

作者简介：吴凡，广东东软学院数字媒体与设计学院老师，主要教授计算机类课程。

一、计算思维的发展与含义

计算思维并不是随着计算机的发展才产生的，它是我们每一个人都具有的一种能力，只是很久以来并没有得到系统的总结和重视。但是，随着现代工业的发展，特别是计算机技术的产生，在20世纪80年代，计算思维被作为一个概念提出，并得到越来越多的关注。现在，计算思维更是与理论思维、实验思维并列成为科技创新的三大支柱。2010年10月，陈国良院士在"第六届大学计算机课程报告论坛"上倡议将计算思维引入大学计算机基础教学，得到了国内计算机教育界的广泛重视。

那么，到底什么是计算思维？周以真（Jeannette M. Wing）教授于2006年3月于美国权威杂志 Communications of the ACM 上最早提出并给出了定义："计算思维是运用计算机科学的基础概念进行问题求解、系统设计以及人类行为理解等涵盖计算机科学之广度的一系列思维活动。"但是，至今计算思维是属于理论研究还是应用研究仍然存在争论，没有一个统一的定论。但是不管如何，对于计算思维的理论和应用研究，都推动了其在计算科学学科领域及跨学科领域中的研究、发展和实践。

二、非计算机理工科专业的计算机基础教育

当今社会计算机的应用已经融入了人们生产、生活的各个方面，非计算机专业的学生，特别是理工科类的学生也必须掌握一定的计算机技术，有些专业甚至需要掌握

比较系统的计算机技术及编程技术，而现实情况却存在如下诸多问题。

（一）获取的知识碎片化，没有形成系统的知识结构

一方面，针对非计算机专业学生的计算机教育，大多是一种普及性教育，涉及软硬件、多媒体、网络甚至数据库等内容。在讲解过程中有一些艰涩难懂的表达式及符号，学生很难理解，导致学生求知欲望降低，获得的知识也是为了应付考试，属于考后就忘的状态。另一方面，多数学生对计算机的热情也仅仅是对个人PC及网络感兴趣，仅仅对部分硬件、某些应用软件操作熟悉，掌握的技能都集中在应用层面。这些都导致学生对计算机知识的掌握都是碎片化和片面的，对计算机系统不会有比较系统的认识。

（二）对程序语言的学习困难重重

很多应用型非计算机理工科专业的学生也会被要求学习一两门编程语言，但效果往往不尽如人意，究其原因有两方面：一方面，学生觉得自己不是以成为程序员为目标的，畏难情绪明显，缺乏学习动力；另一方面，这些专业的学生没有得到系统的计算机学科的教学，而程序语言的学习往往枯燥艰涩，并且在这些程序设计过程中就体现了计算思维，如对问题的分析和数据变量以及算法结构和程序代码的编写等。因此，计算思维正是非计算机专业的学生现在最缺乏的一种技能培养。

（三）学生缺乏发现和解决问题的能力

在计算机课程教学设计的过程中没有按照学生专业及需求的不同进行分类，进行的是无差别教育，内容与学生的专业脱节，在教学开展过程中过于重视对理论知识的阐述和讲解，缺乏对学生在专业领域如何应用计算和创新计算知识等方面的训练。

三、计算思维对高校计算机课程的重要性

随着计算机技术对各个领域影响的深入，对于很多非计算机专业的学生来说，计算机技术已经不仅仅是从业人员的必备技能，更是成为很多专业发展的直接驱动力。那么，这就直接要求学校在培养学生时，不仅仅要教授计算机的使用技巧，更要培养学生的计算思维能力，将计算思维应用于专业问题，培养学生将计算思维和专业思维联系起来的能力。现在的专业，特别是应用型本科专业，学科的交叉性和对计算机科学与技术的需求与日俱增。计算思维不仅是计算机专业学生的必备技能，也是非计算机专业的理工科学生不可或缺的能力。

相对于掌握一些简单的计算机技术来说，学习计算机求解问题的过程，理解计算

机程序的组成并利用计算机程序解决问题,才是学生们更应该培养的一种能力。然而,这在很长一段时间内是我们教学中所缺失的,因此,探索教学方式上的改革,拓展学生的计算思维亟待解决。

四、以计算思维为导向的计算机课程教学改革

第一,改进以往计算机学科的基础教学内容。培养计算思维能力,离不开计算机基础知识的学习。但是教学内容不能再同以往一样只是作为计算机专业的简略版进行。教学上需要舍弃一些原理性较强的内容,比如 CPU 工作原理、总线传输等较为底层的理论性知识。同时,着重从宏观上讲解计算机科学各分支之间的联系和作用,帮助学生有效地进行知识补充、串联、梳理和建构,进而形成体系,从而为计算思维的培养打好基础。

第二,改变之前对各专业(非计算机专业)学生进行计算机无差别教学的做法,从各专业的特点出发,有重点地进行一些计算机学科内容的教授。例如,数字媒体技术专业可以着重教授一些关于多媒体等计算机学科的内容,以及和媒体技术相关的一些前沿技术的展望等。

第三,计算思维应面向应用,通过计算思维能力的培养更好地服务于其专业领域的研究。计算思维蕴含着一整套解决一般问题的方法和技术,这种能力的培养是一个循序渐进的过程,在具体教授过程中可以从简单的案例入手,首先让学生完成一般问题的求解过程(如图1所示)。

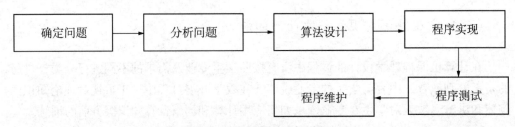

图1 一般问题的求解过程

然而,计算机并不能解决所有的问题,计算机解决问题的核心就是将问题分解成一个一个的具体步骤,然后用计算机可以识别的语言或者指令去实现这些步骤,以达到解决问题的目的。通过案例教学,让学生了解计算机可以处理问题的类型,理解计算机处理问题的一般过程(如图2所示)。进而,更深一步地了解计算机程序的组成,理解程序与算法、数据结构的关系。

五、结束语

现今社会需要大量复合型的创新人才,这也是大学本科教育的培养目标,让学生

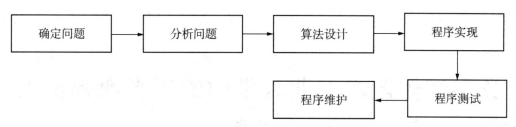

图 2 计算机求解问题的一般过程

在学习和工作中都具有运用计算机科学概念对实际问题进行处理的能力。计算思维是一种能力的培养，不是一蹴而就的，更不能流于形式，仅仅教授一些晦涩的理论知识，而是要结合学生的专业特点，培养学生使用计算思维分析问题、解决问题的能力，帮助学生掌握计算思维方式。

参考文献：

[1] 周以真."计算思维"[J].中国计算机学会通讯，2007（11）.

[2] 刘佳，徐锋，朱玉莲."新工科"背景下非计算机专业的计算思维教学思考[J].工业和信息化教育，2018（9）.

[3] 王红鹰.基于计算思维为导向的程序设计基础实践教学改革分析[J].电子世界，2018（5）.

[4] 李洋.基于计算思维的大学计算机基础课程教学改革探讨[J].课程教育改革，2018（51）.

[5] 邹腊梅，龚向坚.基于计算思维的程序设计类课程教学改革[J].课程教育改革，2016（1）.

数字媒体艺术专业教学中的摄影课程探索

张潇珑

摘要： 摄影课程是数字媒体艺术专业的一门主干课程，该课程的设置存在提高学生摄影基础理论知识、摄影实践技能、图片审美水平、影像创作等综合能力。摄影技能是数字媒体艺术专业学生必须掌握的基础技能，但如今很多高校数字媒体艺术专业的摄影课还存在很多教学上的问题，例如，缺乏实践、理论课时偏多、教学设备和教学内容陈旧、缺乏对学生创作能力的培养等，导致教学效果不理想。本文主要讨论目前数字媒体艺术专业摄影课程的教学存在的一些问题，并且针对这些问题，提出了相应的摄影课程教学改革方案，以提高学生摄影创作中的创新思维能力，从而促进该专业的摄影教学，培养出具有创新思维能力的数字媒体艺术专业人才。

关键词： 数字媒体艺术专业；教育教学；摄影课程；课程创新。

作者简介： 张潇珑，硕士，助教，主要研究方向为数字媒体艺术、影视广告、动画。

　　数字媒体艺术属于交叉学科领域，涉及造型艺术、艺术设计、戏剧与影视艺术、交互设计、信息与通信技术、传播学等方面的知识。数字媒体艺术专业的培养目标是，培养具有良好的科学素养以及美术修养、既懂技术又懂艺术、能利用数字媒体设计工具进行艺术作品的设计和创作的复合型应用设计人才。如今全国很多高校都开设了数字媒体艺术专业，本专业的主干课程有摄影基础、摄像基础、数字图像处理、数字动画制作、网页设计、艺术设计概论、数字媒体艺术概论、视频特效、非线性编辑、虚拟现实等。其中，摄影课程作为该专业主干课程，存在培养学生掌握基本的摄影技能，能够熟练使用相机及其他一些相关设备拍出合格的照片，为接下来的数字媒体艺术创作拍摄出合格的图像素材。另外，还要求学生对摄影作品具有良好的审美、创意思维和后期处理能力。摄影课程对其他课程的学习起到了支撑作用。但是，如今在很多高校的数字媒体艺术专业的摄影课程的教学过程存在很多问题，教学效果不尽如人意。课程结束后，有不少学生未能达到课程要求，出现了学生课堂上听得多，但是拍摄实践少，不能把课堂学到的理论知识很好地应用于实践拍摄中，不能够熟练掌握基础的摄影技巧，拍不出心中所想的图片效果，拍摄水平达不到行业要求。再加上如今数字媒体飞速发展，改变了摄影行业的发展环境和现状，给高校的数字媒体艺术专业的摄影课程教学提出了全新的建设要求。因此，这就要求我们高校教师应该将摄影教学和数字媒体艺术行业发展需求有效结合起来，转变教学观念、改革教育教学方式，促进数字媒体艺术专业的人才培养。

一、数字媒体专业摄影课程教学中存在的问题

数字媒体的飞速发展会对高校数字媒体艺术专业的摄影课程的教学目的、教学内容、教学设备以及教学方式产生很大的影响。目前，数字媒体专业摄影课程教学存在以下问题。

1. 摄影课程教学内容和教学方法缺乏创新

虽然近几年我们国家的数字媒体专业的摄影课程在内容上有了较多调整，但从整体上来看，仍然有很多高校的摄影课程在教学培养方案、教学内容和教学方式上缺乏创新，摄影课程教学内容一味地停留在书本上，内容和方法过于陈旧。这种重课堂、轻外延的教学模式已经不符合新时代对数字媒体专业人才发展的需求。并且，摄影教材存在案例图片过于陈旧，印刷质量低劣的问题，选取的图片案例缺乏美感或者不符合当今时代的审美，这些都导致学生对摄影课程失去兴趣。在教学中，教师缺乏对学生进行知识和眼界的拓展。这都是当前摄影教学上存在的一些问题。课程内容缺乏创新还表现在一些教师的课程安排上，教师在教学过程中按照计划要求完成了课堂教学任务，但他们并未对课程结束以后学生学习的途径、学习的方法进行指导和跟踪，导致很多学生对摄影的兴趣不足，对摄影在数字媒体艺术设计行业中的实际应用了解不够，从而影响了学生未来的职场发展。在教学方法上，很多教师还在坚持以老师讲授基础理论知识，学生听讲为主的传统授课方法。在学时安排上，过多的理论课时占用大量课堂教学时间，缺乏实践课时。

2. 摄影教学设备相对落后

摄影课对实践要求很高，要想掌握其技能，还需要大量的实践操作。数字摄影器材的更新换代速度非常快，而很多学校的摄影硬件的配套设施相对落后，加上学校经费预算有限，导致很多学校的摄影教学器材的更新不及时，过于落后，跟不上时代发展和课程学习的需要。由于拍摄设备的缺乏，无法满足学生大量摄影实践操作的需求，因而很难让学生熟练全面掌握各种拍摄技巧。

3. 从事摄影课程教学的师资力量薄弱

我国高校数字媒体艺术专业从事摄影课程教学的师资力量直接决定了本专业的摄影课程教学质量。摄影课程作为数字媒体艺术专业的主干课程，对摄影课程的教学质量有着很高的要求。但是，大部分学校的本专业负责教授摄影课程的老师很少是摄影专业出身的。因为聘请专业摄影老师的费用相对较高，并且摄影专业毕业的老师的数量不多，大部分情况都是一些懂得摄影基础理论的其他专业老师来进行授课。有些非摄影专业的教师缺乏摄影行业的工作经验，对摄影行业了解不深，对课程教学内容设计不合理。还有些教摄影的老师脱离摄影行业工作多年，对当今数字媒体行业中的摄影技术发展现状不够了解，掌握的摄影知识较为陈旧，与时代发展脱节，最终导致无法培育出符合新时代发展要求的摄影人才。

4. 忽视对学生的艺术修养和审美的培养

现在的数字媒体艺术专业的摄影教学中存在一个问题是过于注重对摄影拍摄技术和图片后期处理的软件操作的学习，而对学生艺术修养方面的培养力度不够。很多学校的数字媒体艺术专业的艺术理论类课程课时不足，再加上该专业的学生美术基础水平较差，导致学生的审美能力欠缺。要想满足许多艺术摄影创作的个性化需求，不仅需要掌握熟练的摄影技术，还需要有较高的艺术修养和审美水平。在摄影教学中，教师不仅需要教授学生基础的摄影知识和技法，还要教会学生如何用摄影图片传达拍摄者的创作思想、意图、感情，如何用光影渲染环境气氛、创造美好的意境，如何让照片更具有强烈的感染力。

二、数字媒体下高校摄影教学的改革策略

1. 丰富创新摄影课程教学内容

建议教师在教学中利用多媒体将教学内容制作成动态电子课件，并且将优秀的摄影作品或者教程视频植入其中，充分实现以动态的演示形式讲授摄影理论知识和实践操作技能。这将有助于学生直观、清晰地了解摄影理论知识点，熟悉每个摄影环节，掌握整个摄影拍摄过程和技巧，不仅有利于学生掌握摄影基础理论知识，还提升了学生的学习兴趣。

推荐采用翻转课堂教育教学模式。教师提前在网络上搜集或者制作一些优秀的教学视频资料，分享给学生，指导大家进行课前自学，让学生在课下独立完成摄影作业，然后带到课堂上，采用教师点评结合学生互评等互动式教学形式。鼓励学生针对课下自学过程中遇到的问题在课上提问，多留时间给学生进行拍摄实践，纠正学生在拍摄中犯的错误，有效提高学生的摄影水平。

摄影教学具有很强的实践性，在教学过程中重点强调理论与实践相结合，在教学内容当中多引入一些摄影实践教学内容，鼓励学生积极参加摄影比赛、摄影展览和摄影实践项目。同时，老师要适当地增加课堂外延，可以对一些著名的摄影大赛和摄影展览的获奖作品进行赏析，为学生介绍一些著名摄影大师的作品和他们的创作经验，提供一些优秀的摄影资源网站供学生进行课外拓展学习，开阔学生的视野，提升学生的审美水平，有利于学生的后续学习提升。摄影老师在进行摄影教学时，还要重视学生对摄影作品的点评交流，课下可以让学生搜集一些摄影作品，或者将自己的摄影作品带到课堂上去交流，从彼此分享的优秀作品里面学习拍摄的方法和吸取创作灵感，这对学生的摄影学习有很大的帮助。

2. 加强摄影教学硬件设施建设

摄影课程摄影操作教学离不开设备的完善，老旧的摄影教学设备已经无法满足数字媒体时代的摄影教学需要，所以学校要在摄影教学设备的投入上加大力度，及时更新摄影器材。完善摄影教学的硬件设施可以让学生熟悉最新的机器和相关附件的操作，跟上行业技术的发展，未来更能适应就业市场对摄影人才的技能需求。

3. 打造更加专业的摄影师资队伍

学校打造专业的师资队伍，首先要在招聘教师的时候，选择有创新意识并且受过专业的数字媒体艺术摄影教育的人才。针对目前学校已有的摄影老师，学校要定期开展学习培训交流会，让老师们及时地学习最新的数字媒体相关的摄影技术。摄影比较注重实践操作，所以教师一定要熟练掌握行业最新的主流摄影技法，能够拍摄出当下流行的摄影风格的图片。鼓励教师多进行摄影实践创作，多去企业进修和实习，了解行业最新发展动态，了解市场对摄影人才的需求，从而制订更有针对性、更符合市场需求、更加完善的教学方案，并不断改进教学内容和教学方法。

4. 加强艺术相关课程教学，提高学生艺术修养

艺术审美能力是学生在进行摄影创作过程中必须具备的能力。创作出好的摄影作品需要学生具备熟练的摄影技法，同时需要沉淀和累积大量人类学、社会学、心理学、文学、美学、伦理学等多学科的知识。教师需要提升自身摄影技术教育水平，同时，通过教学来提升学生的人文素养，提高学生的艺术修养和审美能力。

总之，在数字媒体艺术快速发展的这个时代，社会需要越来越多优秀的数字媒体艺术作品。提高数字媒体艺术专业学生的摄影技能，有利于他们未来的就业和职业发展。因此，我们需要整合教育资源，不断进行课程的创新，引入新的内容和方法，理论与实践并重，充分调动学生的学习兴趣，提升他们的信心，培养他们的创新思维。只有这样，才能提高摄影课程的教学质量，真正提高学生的摄影技能。

参考文献：

［1］吴民庆. 高校摄影教学改革的实践与思考［J］. 美术教育研究，2017（7）：132 - 133.

［2］孙纳. 数字媒体下高校摄影教学的创新路径研讨［J］. 教育观察，2017，6（8）：87 - 88.

［3］陈莉莉，王蕊. 数字媒体艺术促进教学方式变革研究［J］. 软件导刊，2013，12（11）：191 - 193.

教学方法

嵌入式软件测试教学方法研究

葛艳娜

摘要：在现代社会生产与实践中，软件测试技术在各个行业领域都得到广泛应用，对产品的质量保证具有非常重要的作用。嵌入式软件测试系统不仅能够对被控制的环境或对象进行仿真，进行闭环验证和测试，同时，还具有较强的测试管理能力，使被测系统达到更好的应用效果。本文对嵌入式软件测试在电子信息专业教学中教学方法进行了研究，设计用于优化电子技术专业实训教学的测试系统，并提出几点建议，以促进嵌入式软件测试在高校教学的发展和进步。

关键词：嵌入式软件；软件测试；教学方法研究；实践教学过程。

作者简介：葛艳娜，河南省周口市淮阳县人，广东东软学院计算机系专任教师，硕士学历，主要研究方向为嵌入式软件测试、软件自动化测试、JAVA软件开发。

一、引言

嵌入式软件测试系统的优点是可以独立工作，在实际应用过程中发挥的作用也越来越显著，无论在军用领域还是在民用领域，都得到了快速发展和推广应用，对嵌入式软件质量也提出了更高的要求。随着嵌入式软件自动化测试系统的不断发展，其作用日益显著，必将会得到更加丰富的研究成果，其发展方向也将越来越明朗。在教学应用过程中，通过研究嵌入式理论、测试方法、历年教学成果等资料，笔者总结出了一系列方法，已经取得了非常好的应用效果，同时，对未来教学方法的改进也提出了相应的规划和想法。

二、嵌入式软件测试人才培养

随着嵌入式软件在居民日常生活领域、现代国防领域和社会信息化领域中的作用越来越重要，由此产生的测试任务也会越来越繁重，对测试人员的专业要求也越来越高，软件测试难度不断加大。在高校中如何充分而有效地完成软件测试教学任务成为难题。软件测试要保证软件在特定环境下运行的高质量和实时性，对软件测试人才的要求越来越高。但是，目前市场上软件测试人才远远达不到市场的数量与质量要求，这就要求我们高校教学工作者加强在校本科生软件测试课程的教学，培养更多的软件测试人才。

在教学过程中，通过介绍人才市场对嵌入式软件测试人才的需求，让学生深切体会到嵌入式软件测试的重要性，激发学生的学习动力和兴趣。也可以带领学生到一些较有名的软件科技园区进行实地考察体验，使学生了解目前测试人才的工资水平，清楚测试的职业发展前景。

组织开展校企合作活动，加强培养学生工程应用能力。组织学生参观或参与企业软件产品的开发和测试工作，使学生将学校所学知识联系并应用到实际项目中，锻炼实践动手能力，培养工程应用能力。

积极组织学生参加高校嵌入式软件测试相关大赛。目前，嵌入软件测试专业在很多高校中已经开展相关课程，并且已经有国家级的比赛。由南京大学举办的面向所有在校大学生的慕测大赛，无论专科生、本科生还是研究生均可参与。南京大学每年举办省赛及国家赛，目的就是继续深化软件工程实践教学改革，探索产教研相融合的嵌入式软件测试专业培养模式，推进高等院校嵌入式软件测试专业建设，建立软件产业和高等教育的产学研对接平台。通过比赛，学生可以深刻体会到嵌入式软件测试的重要性。

三、嵌入软件测试教学方法研究

（一）教学目标和内容量身定制

1. 嵌入式系统的特点

嵌入式系统的特点是体积小，因此，要求存储容量必须小，嵌入式软件代码必须紧凑，质量要可靠，有高实时性。我们日常生活中常见的电视机机顶盒、车载全球定位系统（GPS）、升降电梯、自动售卖机、数码相机、微信扫码、地铁出入刷卡、手机、iPad 等都运用嵌入式软件技术，通过对传统产品进行智能化改造，生成更高级的产品。

2. 嵌入式软件测试平台设计

（1）单元测试阶段。在教学中，单元测试与实际生产会有所差别。虽然严格来说，嵌入式软件需要在目标机上进行测试，但是为了节约时间和成本，再加上嵌入式软件中所有单元级测试都可以在宿主机环境上进行，因此，可以最大化在宿主机环境进行软件测试的比例。

（2）集成测试阶段。同样，为了方便快捷和节约成本，也可在宿主机环境上模拟目标机环境进行集成测试。

（3）系统测试和确认测试阶段。为了保证嵌入式软件的质量，所有的系统测试和确认测试最终必须在目标机环境下执行通过才可以上线。同样，我们先在宿主机上开发和执行系统测试，然后移植到目标机环境重复确认执行也是很方便的。

大学生在校学习时，由于目标机等条件缺失或有限，学生主要是在宿主机环境下进行测试学习。如果有条件，学校可组织学生深入企业或工厂实地实习。

（二）嵌入式软件测试教学原则

（1）保证学生学会嵌入式在本机上测试通过的基础知识，能够初步搭建软件测试环境。

（2）某些嵌入式软件需要在特定的物理硬件环境下进行测试，这时由于学校硬件及软件环境有限，教师应搜集一些有价值的材料或视频，组织学生观摩学习。

（3）必要的可靠性负载测试，尽可能使学生深入理解该概念，不能使学习停留于普通的功能测试阶段，要举出实例让学生深入体会。

（4）嵌入式软件系统除了进行基本的功能测试，还需要进行实时性测试。例如，要判断系统是否在规定的时间里输出正确的结果，才可以判断系统是否失效。

（5）嵌入式软件必须利用一定的工具，并且需要在特定的硬件平台上进行 GUI 测试、内存测试、性能测试、覆盖分析测试。在学习中，不同的测试类型需要用到不同的工具，这些都需要指导学生去接触学习。

（三）项目驱动法和案例法相结合

以广东东软学院嵌入式软件测试一学期 16 教学周为例，教学过程中模拟企业真实平台，收集企业真实系统案例，进行模板学习，提高学生未来岗位胜任力，更好地提升学习效果。使用企业真实的测试系统，能够让学生在校内实训，实现电路测试的自动化检测，效率高，并且能够使学生理解测试的意义及价值，有效帮助学生提升学习效果，实现与学生未来工作岗位的紧密对接。

教学过程中使用的平台工具如下：

第一次实战安排在教学第二周。熟练使用 SVN 版本控制工具，学生独立安装服务端 VisualSVN Server 和客户端 TortoiseSVN，练习新增（提交）文件、删除文件、修改文件、更新代码、解决冲突、show logs（查看历史记录）。在以后的教学中，要求学习使用该工具上传作业、修改作业、载入作业任务等操作。

第二次实战安排在教学第四周。以某开源路由器项目为例，介绍嵌入式软件测试对路由器项目的需求分析，引领学生分析路由器设置功能、路由器无线功能、路由器服务功能、路由器安全功能、NAT/QoS 功能等功能需求，分析路由器吞吐率、室内/室外 Wi-Fi 传输性能、丢包率等非功能性需求。然后进行测试需求说明书编写及评审报告编写。

第三次实战安排在第八周。以某开源路由器项目为例，采用等价类划分法、边界值分析法、正交试验法、决策表法等测试用例设计技术，对第二次实验中各项功能需求和各项非功能需求进行测试用例设计，并采用测试用例模板，即测试用例 ID、测试点、测试摘要(目的)、操作步骤、预期结果、实测结果、测试结论、测试人员编写完整的测试用例。

第四次实战安排在第十二周。让学生学会 HP-Quality Center 工具的使用、利用 Mercury Quality Center 制定测试需求、计划测试、执行测试和跟踪缺陷,通过 Quality Center 还可以创建报告和图来监控测试流程。

第五次实战即期末大作业。让学生编写测试总报告。以团队(2~3 人为一组)形式进行,每个团队选择一个嵌入式案例系统,如基于嵌入式的门禁考勤系统、基于嵌入式的互联网电视机顶盒、智能电池管理系统、远程医疗监护系统等,综合本学期所有知识点,独立完成整个测试流程(需求评审—制订测试计划—编写测试用例—执行测试—追踪缺陷)并完成一份完整的实验报告。

四、结束语

目前,嵌入式软件测试系统在日常生活领域和军事上的应用越来越广泛,其作用也越来越重要。推动嵌入式软件测试系统的发展,对推动军用和民用领域软件发展进步具有非常重要的作用。所以,必须加强对嵌入式软件测试人才的培养,为社会提供优秀的测试人才,为我国社会经济发展建设提供重要的推动力量。

参考文献:

[1] 李月龙. 高校软件测试课程教学改革研究 [J]. 计算机教育,2014(14):16-18.

[2] 张帆. 电子技术专业实训教学中自动化测试系统软件设计 [J]. 中国培训,2018(5):38-39.

[3] 刘祯,胡媛媛,宋泉良. 嵌入式软件自动化测试系统研究 [J]. 中国新通信,2019(2):52.

[4] 梅耶,等. 软件测试的艺术 [M]. 张晓明,黄琳,译. 北京:机械工业出版社,2012.

以学生为中心的"品牌管理"课程翻转课堂教学模式探索

李苹绣

摘要：翻转课堂是以学生为中心的，体现信息技术与教育深度融合的教学模式。在品牌管理课程的翻转课堂教学模式实践过程中，学习过程被设计为课前预习、课堂学习和课后巩固三个环节，学习场景涉及线上和线下环境。通过一个学期的实证，将翻转课堂模式和传统教学方式的教学效果进行比较，学生普遍认为采用翻转课堂教学的内容掌握得更好，教学效果更好。

关键词：以学生为中心；品牌管理课程；翻转课堂。

作者简介：李苹绣，硕士，副教授，主要研究方向是市场营销、高等教育管理。

一、翻转课堂教学改革实施背景及基础条件

（一）翻转课堂以学生为中心创新课堂教学

在信息化高速发展的今天，信息技术正在改变着教育的方式方法，如何利用信息技术与教育的深度融合，以学生为中心，体现学生主体地位、提高学生的学习积极性、培养学生的自学意识与能力是我们面临的挑战。而翻转课堂，作为信息技术与学习理论深度融合的典范，近年来在国内外受到了普遍的关注。它借助信息技术，通过创新知识传授方式，将先教后学的学习流程变为先学后教、以学定教，学生课前在网络课程资源和线上互动支持下开展个性化自学，课堂在教师引导下通过合作探究、练习巩固、反思总结等方式来实现知识内化，使学生从被动接受者变为主动探究者和主动建构者，推动教师由知识的传播者变为学生学习的引导者、促进者，使课堂由预设性走向生成性，从而不断创新课堂教学，提高课堂成效。

（二）学校已建成多种类型的翻转教室作为条件支撑

信息技术及相关配套环境是翻转课堂开展的先决基础条件。广东东软学院高度重视校园网的建设，校园网络信息点约23500个，有线和无线网络接入全面覆盖校园区

域内所有建筑物，所有教室配置多媒体教学设备，教师、学生均配备笔记本电脑，建成包含 10 间翻转教室、5 间远程直播教室的翻转课堂示范区，示范区建有固定分组式、自由研讨式、自由组合式和远程直播等多种类型的翻转教室，千兆网络带宽、无线热点全覆盖，无线投屏技术支持手机、电脑及显示端的实时互联，为学生提供在线学习、合作学习与实时互动的教学环境。这些都为翻转课堂教学模式的实施提供了基础条件。

（三）"品牌管理"课程教学存在较强烈的改革需求

"品牌管理"课程是市场营销专业的必修课，占两个学分，主要介绍品牌产生的背景、品牌的定义、品牌定位与设计、品牌功能与联想、品牌传播与运营等内容，要求学生能够从管理和运用的角度理解品牌管理的内涵和流程，并掌握品牌管理工作的全流程运作，对学生的实践动手能力有相对比较高的要求。在传统的教学模式中，主要是"老师讲，学生听"，学生对学习的参与度比较低，很多学生对理论的理解不够透彻，在品牌管理工作的素质涵养养成方面，停留在纸上谈兵阶段，学生的个性化学习需求得不到满足，教学效果有待增强，实现教学改革的现实需求比较强烈。

基于此背景，广东东软学院的"品牌管理"课程教学团队在 2018—2019 学年第一学期市场营销本科专业的课程教学中进行了翻转课堂改革实践，进行现代化教育信息技术与教学的融合探索，构建以学生为中心的教学模式，满足学生的个性化学习需求，提高学生的课堂参与程度，提升学生对理论的理解程度，强化学生的实践动手能力。

二、改革基本思路

"品牌管理"课程教学团队根据本门课程的特点，设计了包括课前预习、课堂教学以及课后巩固练习或者相关拓展资料的阅读等教学活动，学生具体的学习方式涵盖线上学习及线下学习，如图 1 所示。

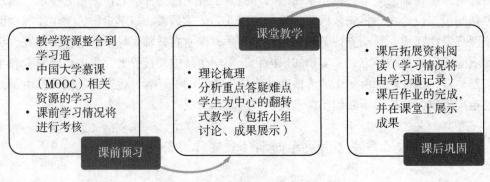

图 1　品牌管理课程教学设计模块

由图1可见，本门课程将充分利用现代化教学手段，以及网络资源和主讲教师多年在"品牌管理"课程教学准备活动中积累的大量相关视频及各类教学资源。

课前预习阶段，主讲教师将把10年"品牌管理"课程相关教学资源整合到超星的学习通平台上，同时结合中国大学慕课（MOOC）相关资源，要求学生开展课前学习，课前对资料的学习情况将在学习通上记录并计入考核成绩。

课堂教学阶段，主讲教师将对部分教学内容进行翻转课堂教学改革，以学生为中心，成果导向，除了对相关理论知识进行梳理及对重点难点进行分析和答疑外，还将安排小组讨论、成果展示等活动。

课后巩固阶段，主讲教师将把相关的巩固练习或者拓展学习资料等整合到学习通上，并在学习通上面实现考核。此外，部分小组作业及项目将在课后完成，相关成果将在课堂上展示分享。

三、改革具体举措

（一）教学内容的选取和设计

"品牌管理"课程的教学目标要求学生能够从管理和运用的角度理解品牌管理的内涵和流程，并掌握品牌管理工作的全流程运作，由此，在教学内容的选取和设计上也是根据品牌管理工作的全流程，将教学内容设计为基础概念、品牌设计、品牌推广、品牌忠诚和品牌资产5个大模块，共计14个章节的内容。在这5个大模块中，依据不同的教学内容的特点和特征，选取了第3章、第4章、第6章、第7章、第9章作为翻转课堂的试点教学改革，翻转课堂教学课时为整个课程教学课时的32.25%。在最后的教学效果考察时，将对采用翻转课堂教学方法的部分与采用常规教学方法的章节进行教学效果对比。

（二）多样化的网络课程教学资源建设

在翻转课堂的教学过程中，学生的课前学习是非常重要的，学生需要课前在网络课程资源和线上互动支持下开展个性化自学。这就需要教师对本门课程的网络教学课程资源进行精心的设计和编排，既要能够覆盖主要的知识体系，还要注意生动化，以提高学生自学的主动性。2018—2019年第一学期的品牌管理课程的网络教学资源的建设主要是依托超星的学习通平台开展，包括课件、视频、案例、学术文献以及其他（任课教师自行整理的课程内容相关资料）资源类型。其中，课件主要涵盖了所在章节的主要知识体系，而视频一般为10分钟左右的关键知识点讲解的微课，案例及学术文献可强化学生的理论理解及拓宽视野，所有的资料都在平台上设置为任务点，任务点的完成程度将会作为平时成绩的重要考核依据。

（三）课堂教学活动的生动化重构

在翻转课堂的教学过程中，课堂教学与传统教学方式有非常大的差异。课堂在教师的引导下，通过合作探究、练习巩固、反思总结等方式来实现知识内化。学生从被动接受者变为主动探究者和主动建构者，教师由知识的传播者变为学生学习的引导者、促进者。在"品牌管理"课程的课堂教学过程中，采用了分组公司化的运作，各个小组就是一个独立的品牌，项目驱动的每节课就是一次品牌发布会或者研讨会。

每节课开始前教师一般会花5~10分钟对知识点进行教学梳理，并且利用学习通平台上抢答、问卷调查、选人等多样化的方式来对学生的课前情况进行检查，随后是各项预设小组任务的分享和发布，学生通过互评、自评、教师点评等来进行学习成果的检验。探究式的学习使学生的积极性和主动性大幅度提升，课堂气氛活跃。

（四）课后巩固与拓展

在课堂教学任务完成后，教师还会根据学习通上学生学习任务的反馈情况、课堂学生的任务完成情况，设定一些课后小任务及拓展阅读，并且发布在学习通上，以加强对知识的内化和理解。

四、改革成效

在一个学期的品牌管理翻转课堂教学改革试验后，任课教师就学生的学习体验设计了简单的问卷调查。调查结果显示，80%的学生对"品牌管理"课程的翻转课堂中的课堂体验满意度都非常好；71.67%的学生觉得任课老师与同学的互动及课堂整体气氛非常好；相比较传统的教学方法，61.67%的学生认为通过翻转课堂的教学改革，自己对知识的理解和掌握都非常好，35%的学生认为比较好；53.33%的学生认为自己的团队协作能力、语言表达方面的能力得到了非常大的提高。

而通过对"品牌管理"课程采用翻转课堂教学和采用传统教学方式教学的教学效果进行比较，学生普遍认为采用翻转课堂教学的内容掌握得更好，收获更丰富。

五、总结反思

品牌管理课程翻转课堂的开展采用虚拟公司化运作，各小组依照品牌管理工作的流程，对自有品牌的建立及运营过程进行循序渐进的学习和实践。课前，学生在学习通平台上对相关的理论进行学习，学生学习的资源及形式多样化，学习兴趣被激发，主动性和积极性有较大提升。同时，学生在课前获取相关品牌建设任务后，团队协作的过程也是互相学习和碰撞的过程。课堂教学过程相当于一次品牌发布会，通过思维导图展示、PPT汇报、投屏、广播、互相点评等形式的开展，课堂教学气氛热烈，师生互动、生生互动效果良好。课后，通过对学习通上教师所发布话题的讨论及课后作业进行巩固和加深理解。同时，每一章节教师都提供了品牌管理领域最新学术论文等相关资料供学生学习，使学生提升理论厚度并扩大视野。

　　整个教学过程虽然对教师的教学资源准备及课堂设计多了很多要求，但这也是信息技术与教学内容深度融合极好的一次探索。

参考文献：

［1］张渝江. 翻转课堂变革［J］. 中国信息技术教育，2012（10）：118－121.

［2］段春雨. 国内翻转课堂研究的现状与展望［J］. 重庆高教研究，2014，2（4）：106－112.

［3］宋洪飞. 翻转课堂教学模式探究［D］. 哈尔滨：哈尔滨师范大学，2016.

［4］朱琳. 翻转课堂在本科教学中的探索实践［J］. 教育教学论坛，2014（53）：164－165.

科研反哺教学模式在应用型本科院校的实践与探索

李 强　罗海波　魏菊霞　李 晶

摘要： 在教育部部署新工科教育改革的框架下，如何改变新晋应用型本科院校薄弱的科研水平和整体环境，同时发展工科教育中的实践教学新模式，面对"重教学、轻科研"在本类院校中的现实与问题，本项目组以广东省科技厅协同创新与平台环境建设项目为驱动，以一批各级科研项目为平台，研究科研反哺教学模式在专业建设中的改革，促进科研教学互动，同时，开展教学反哺科研和科研促进教学的"教研互助相长"的相关工作，并带动了一批科研项目和一系列教学活动齐头并进的势头。

关键词： 新工科；科研反哺教学；教研互助相长。

作者简介： 李强，副教授，研究方向为教学改革、软件技术、大数据。罗海波，讲师，研究方向为网络安全。魏菊霞，讲师，研究方向为软件技术、游戏开发。李晶，讲师，研究方向为软件技术、游戏设计。

一、背景

2017年2月以来，教育部积极推进新工科建设，发布了《教育部高等教育司关于开展新工科研究与实践的通知》，全力探索形成领跑全球工程教育的中国模式、中国经验，助力高等教育强国建设。其中特别提到，目前世界高等工程教育面临新机遇、新挑战；我国高等工程教育改革发展已经站在新的历史起点；新工科教育更加注重结构优化，更加注重模式创新，更加注重分类发展等。

对于从高职院校转型的应用型本科院校来说，走新工科教育的道路更是面临新的挑战与机遇：一方面，要改变新晋应用型本科院校薄弱的科研水平和整体环境；另一方面，要发展工科教育中的实践教学新模式。如果这两项工作分别重点发展，对于师资压力较大的民办院校更是一个难中之难的问题。相对于重点院校的"重科研、轻教学"的现象，本类型的院校可能有些"重教学、轻科研"，一定程度上总归是一个"跷跷板"失衡的状态。

近年来，也有很多科研反哺教学的教改项目以及一些优秀的教学案例，但是绝大部分都是将科研融入理论教学课堂中。如何在提升科研整体水平的同时发展应用型本科院校的新工科建设摆在了我们面前。

为了探索如何平衡发展这两方面的工作，计算机学院在2016年成功立项广东省科技厅协同创新与平台环境建设项目。以此为平台，项目组在近3年的时间里，探索在科研力量稍显薄弱的背景下，如何促进科研教学互动，同时，开展教学反哺科研和科研促进教学的"教研互助相长"的相关工作，使一批科研项目和一系列教学活动齐头并进，特别是在东软特色的实践教学、毕业设计指导、大学生创新创业教育等各方面取得了显著的成果，在一定程度上提升了综合人才培养质量和师资队伍水平。

二、主要内容

为实现"教研互助相长"的"双赢"目标，达成应用型本科复合型创新人才的培养愿景，如图1所示，我们通过多方位、立体化的思路和路径，开展了各类成果转化在实践教学上的持续探索。

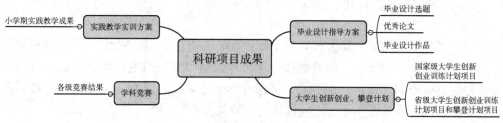

图1　总体思路与方法

（一）省级科研项目

从2014年起，计算机学院获得广东省科技厅重点项目1项，佛山市科技局重点项目1项（以上两项均为本院首次获得相当档次的成功立项的项目，也是民办学院少有的案例），广东省教育厅特色科研项目10项，广东省重点实验室基金项目1项，横向项目若干项，其中多项已经结项，并获得了若干专利、计算机软件著作权、论文等直接科研成果。在一定程度上，计算机学院的科研水平与之前相比得到了飞速提升与发展。

（二）科研成果转化为实践教学案例与内容

小学期实践教学模式是广东东软学院应用型人才培养的突出特色，其中大部分的教学案例均来自工程实践、与企业的横向项目等，项目组率先将广东省科技厅项目——"基于大数据环境下的协同医疗数据平台研发构建"（2017A040406001）的成果应用于实践教学环节。2018年设置了"医疗大数据分析"项目实战案例，2015级软件工程专业，其中包括大数据应用方向专业、移动应用方向和软件测试专业方向中的 48 个学生，并分为 12 个项目组进行医疗大数据应用分析，其中两个作品分别获得计算机学院小学期实践能力优秀作品竞赛一等奖（私人医生助理）和二等奖（四叶草健康养生 App）。一等奖代表作还作为候选作品参加了广东省高校杯比赛。

"机器学习在安全攻防场景的应用与分析"（2017GXJK204）的成果应用于实践教学环节。于 2017—2018 年第三学期教学安排"基于网络空间安全的漏洞复现与电子取证""基于 Linux 的公共信息安全的绵羊墙研究与实践""'创新型'网络安全学习交流与实战对抗平台" 3 个项目，涉及学生人数 20 多人。

"基于 EasyAR 引擎的 AR 项目实战"案例，2015 级软件工程和数字媒体技术专业的 16 个学生，分成 4 组进行项目开发。其中，基于 EasyAR 引擎的 AR 宣传单设计及应用研究获得 2018 年大学生创新创业项目省级立项，获资助 0.5 万元，AR 宣传单获得第六届全国大学生数字媒体科技作品及创意竞赛全国现场总决赛三等奖。

（三）科研成果转化为毕业设计指导选题

毕业设计环节相对于其他教学环节来说，具有时间长、集中化的特点，特别是学生的基础较为全面和扎实，而且可以自主选择课题。项目组老师结合自己的科研课题，拟定毕业论文（设计）的题目，并指导学生选做，为毕业论文（设计）提供实践性课题，进一步提高毕业论文（设计）的质量和水平。

基于广东省科技厅项目（2017A040406001）目前已经进行了两届毕业设计的工作，2017 年基于该项目的选题有 4 项，2018 年选题有 9 项；基于广东省佛山市科技厅局项目（2016AG100382）连续两届选题有 10 项；基于广东省教育厅特色科研项目（2014KTSCX211）选题有 3 项。此外，有 3 篇学生论文获得学院优秀论文，有 2 篇公开发表。

以上项目在毕业设计工作中的成果作为一个推广示范，以下项目也陆续在 2018 年开展了毕业设计教学指导工作。

基于佛山市科技局的佛山嵌入式及其医疗应用平台（2016AG100382）的毕业设计选题有 7 项，其中校级优秀论文 1 篇；基于"机器学习在安全攻防场景的应用与分析"项目（2017GXJK204）目前毕业设计选题有 10 项，其中校级优秀论文 1 篇，学生论文公开发表 5 篇；基于"大数据时代深度学习技术在可穿戴设备上的应用研究"项目（2017KQNCX229）目前毕业设计选题有 3 项。

（四）大学生创新创业项目/攀登计划项目

在新工科理念中的"天大行动"计划中提出，以学生志趣变方法，创新工程教育方式与手段。如何将科研项目研究成果与学生志趣相结合，促进学生创新创业教育水平和效果，本项目组也积极进行探索，基于科研项目中取得的成果，将其转化为可以应用以及进一步研发的案例，在此基础上来进行各种类型多层次的学生创新项目申报与研发。

基于省教育厅的"可穿戴电子设备的智能应用技术研究与开发"（2014KTSCX211）项目成果，立项2017年的省级大学生创新创业项目——"眼动科技关键技术研究"，获得资助5000元。

基于省教育厅的"大数据时代深度学习技术在可穿戴设备上的应用研究"（2017KQNCX229）项目成果，立项2018年的省级大学生创新创业项目——"基于深度学习的便携式慢性疾病预测仪"，获得资助5000元。

（五）以赛促学，开展各种学科竞赛与创新活动

项目组教师结合所承担科研课题，指导学生在相关竞赛中获省级及以上奖项数2项，其中，国家级二等奖1项、省级三等奖1项。

三、"科研反哺教学"的成效

第一，丰富了实践教学内容，提升了教师教学水平。将科研成果（项目）转化的实践项目资源应用于教学实践，不仅充实了实践项目的内容，提高了学生进行实践的学术性和应用性，激发起学生从事科学研究的兴趣，满足了学生旺盛的求知欲望和求新需要，而且还使教师的教学水平大为提升。参与本项目组的教师中，有多人获学校优秀教师、广东省应用型本科教学大赛三等奖，多名教师获得省级优秀指导教师的称号。

第二，强化了学生创新意识，提高了综合实践能力。实践项目开发会涉及项目选题、方案设计、实践准备与实施、问题处理、结果归纳与分析、应用论文的撰写等诸多环节，所以，学生经过项目开发过程的全面、系统的训练，可进一步熟悉科学研究的方法论，逐步树立创新与主动学习意识，加深对相关学科理论的理解，提高综合运用知识和创造性思维的能力。

第三，提高了整体师资队伍的科研学术水平。本项目在研究期间，6位老师参加了国内访问学者进修计划，取得优秀成果；两位老师在读博士，其中，1位博士发表了SCI论文2篇；1位老师晋升副教授；同时，项目负责人还作为实习硕士导师，指导1名硕士研究生参与科研项目，目前已经毕业。

四、应用推广与后续工作

本项目组以2016年成功立项的省科技厅项目——"基于大数据环境下的协同医疗数据平台研发构建"（2017A040406001）为示范，率先于2017年在计算机学院的软件工程专业探索科研融入实践教学，以点带面，在各级别多项科研项目的积极带动

下,网络工程和电子信息工程专业均在2018年全面进行了此项工作的推进,截至目前已经进行了完整两届的教学实践活动,并取得良好的效果。

(1) 2019年的实践教学方案设计工作已经启动,项目组将推广更多的使实验内容转化到实践教学方案中。

(2) 科研项目成果转化为课程综合设计方案工作正在进行中。

(3) 其他各项科研反哺教学的工作将持续改进并逐步扩大,以点带面,以专业带动学院,上下形成良好的科研和教学互长的气氛,全面提升应用型本科院校的新工科人才培养质量。

参考文献:

[1] 陈珠灵,汤傲,许紫婷,等. 以赛促改 推动科研反哺本科实验教学 [J]. 实验技术与管理,2018 (10):22 - 24.

[2] 张芊,李芳,韩得满,等. 科研反哺教学用于创新人才培养的应用研究与实践 [J]. 广东化工,2017 (11):307 - 308.

[3] 刘慧,李雪婷. 科研反哺教学视角下本科高校"金课"打造研究 [J]. 创新创业理论研究与实践,2019,2 (5):31 - 32.

[4] 丁良喜,曹莉. 应用型大学科研反哺教学可行性探索与优化建议 [J]. 教育与职业,2018 (9):106 - 109.

[5] 陈光磊,王丽芹,王凤雷. 科研反哺教学对于应用型高校的作用与启示 [J]. 广西教育学院学报,2016 (5):124 - 128.

职业院校成本会计智慧课堂构建

李 兴

摘要：在教育信息化2.0下，创建智慧课堂成为当前教学改革的主流方向，其中，关于智慧课堂的内涵和功能结构设计的论述颇多，而对于深入课程应用层面的智慧课堂探讨明显不足。由此，笔者紧扣职业院校会计专业培养目标，运用文献研究法和案例分析法，融合教育信息技术，构建了职业院校成本会计智慧课堂。论文不仅强调了智慧含义的多元性，也对智慧课堂的功能架构及个案的应用进行了深入的研究。

关键词：智慧课堂；教育信息技术；功能架构。

作者简介：李兴，硕士，副教授，研究方向为成本管理、智慧教育。

当前，职业院校（简称"职院"）成本会计教学改革转向"混合式"教学模式已是大势所趋，但限于各职业院校教育资源、教育信息化的运用不足，成本会计教学效果、效率的提升力度没有得到彰显。如何有效地改变这种尴尬局面就成了当下成本会计教学改革的重要任务。随着教育信息2.0的推进，教学改革有了更大的想象空间，其中，以培养创新思维为目标的智慧课堂成为教学改革新动向。

一、成本会计教革的源起

职院成本会计教学效果"天花板"现象源起于成本会计教材的编写。现在各类版本成本会计教材多数文字叙述过多，版面缺乏趣味性，并伴有众多晦涩的概念，很难让学生积极阅读教材。虽然在传统教学或翻转课堂中，专业教师通过媒介清晰地勾勒出课程的知识架构，并运用较多的案例、实训作为辅助手段进行教学，取得了可圈可点的教学效果。但在资讯泛滥的时代，要让学生认真、主动地去阅读那些逻辑性强、概念晦涩的教科书则是难之又难。因此，可以这么说，教材的这种"先天不足"是学生自觉学习的绊脚石，不便于预习和复习两个学习环节的开展。

课堂教学中，教育资源推送方式和教学组织也是影响教学效果的重要一环。这种影响力表现在：一是短视频、音频、PPT等教育资源推送手段很大程度上激发了学生的学习兴趣，二是依托信息技术进行的网上抢答、讨论、评论和作业等教学组织方式大大提高了教师的教学效率和学生的参与度。

不同的教育资源推送手段和组织方式所带来的教学内容的留存率是存在较大差异

的,也可以说是教学效果存在差异。而受制于教育培养目标和信息技术等,教师往往倾向于采用短视频、音频、PPT等手段,难以在谈论、实践深入,达到"授予他人"的境地,由此出现浅层学习的教学效果"天花板"。根据学习"金字塔"原理,学习内容平均留存率呈现由低到高的规律,以短视频为基础的视听平均留存率为30%左右,即使课堂上添加讨论、实践等手段,其平均留存率也只能提高到75%,但与最高阶"教授他人"的平均存留率对比还差一大截,如图1所示。

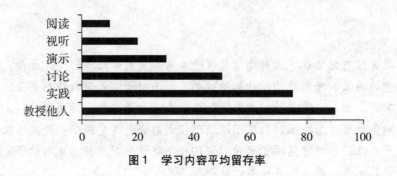

图1 学习内容平均留存率

德国教育学家第斯多惠指出,"教学的艺术不在于教授本领,而在于激励、唤醒和鼓舞"。这句话暗示师徒间的手把手教学法应该受到批判,而激发、唤醒学生的自觉学习的方法应提倡。西方教育中,自主学习模式理论构建较早,西方国家从小学起就开始培养学生自主学习的能力,到了高年级或大学,学生的自主学习能力普遍较高。就国内而言,在应试教育的长期支配下,我国接受自主学习模式的理念较晚,推广的难度也较大。不过,近年来随着我国对人才培养导向的转变,满足学生体验需求、培养学生思维和心性日益受到重视,教师的角色定位也由授业解惑转向成为影响学生思维和心性的优秀组织者。换句话说,国内教育也在积极创建"自主学习"空间。面对着教育改革的大变局,课程层面的教学改革也需顺应潮流,突出学生主体形象,并以此启动提升教学效果的内生力。

根据布鲁姆的教育目标分类修订版,认知领域的教育目标分为记忆、理解、应用、分析、评价和创造6个层次,其中,前三者属于浅层学习,后三者属于深层学习。传统课堂的被动学习多属浅层教学目标,即在给定情境下,学生能够应用所学知识,但遇到了新情景可能就难以应对;翻转课堂给学生浅层学习带来了良好效果,并为从浅层学习到深层学习的过渡架起了桥梁,但在深层学习中,尤其是达到"创造"认知层面,翻转课堂也是力不从心。由此,在教育信息技术2.0下,成本会计教学有望从教育导向的转变中获得更多的想象空间,以期实现学生从"要我学"到"我要学"的观念转变。

二、智慧课堂的构思

智慧课堂既可以理解为教师智慧地传道解惑,也可以理解为教师组织教学的智能化。后一种理解与当前教育信息技术所带来的教育红利有关，所以后一种共识更广泛。这里，笔者把智慧课堂理解为利用教育信息技术创建的一种信息化、智能化的高效课堂，其创建过程应紧扣课程教学目标，确定教学内容、知识结构和制定相应的教学策略。

职业院校的会计学本科专业培养目标定位为应用型人才培养。从字面上理解，其培养目标似乎倾向于技能型人才培养，但作为本科生也应具备一定的创新能力，由此可以认为，智慧课堂深层学习目标与职业院校会计学专业培养目标存在一致性。

智慧课堂实现由知识到智慧的转换需要围绕教学目标设定特定的教学情景，学生依赖这一情景能够更好地融入课堂，教师利用它可以更便捷、高效地影响学生。按课堂各组成要素的关联程度，课堂情景可分为部分汇聚、部分连接、整体形成和整体接合四个层级。一般而言，智慧课堂的情景创建需达到整体接合层级，而这一接合的实现需实现教师、学生、教育资源与信息技术高度糅合，这里不妨把它称为"智慧学习平台"，各要素关系如图2所示。

图2　智慧课堂的教学情景

搭建智慧学习平台是智慧课堂的关键节点，在搭建过程中，教师需对参与的主客体进行细致的分析。首先是对主客体的合理定位。教师自身需扮演影响学子的智者，主要任务是课程导学、学习任务设定、互动交流组织、资料推送、教研活动和教师培训等；"学生中心"的地位应更加突出，从课前预习、在线课堂、课中讨论、课后作业和课后复习都是参与主体；教育资源是承载知识、技能的媒介；教学评价是激发智慧、生成智慧不可缺少的部分。其次是所推送的教育资源内容，如教材、辅助资料、可视化课件、微课件、短视频、音频、作业、延展阅读和虚拟仿真性的测试、试验等。各种教育资源的推送应精准，目标是创新思维培养。再次是课堂对交互的选择。带动学习者的情节交互、学生自己建构知识（如提问、评论）交互及讨论、问卷调查等构成的交互是让学生融入智慧课堂成为课堂主角的主要交互选择形式，选择的形式是多样的，但必须遵从学习者个性、全员参与和效率最优化的原则。最后是评价测试。这一环节包括教师的线下评价和在线测评，前者侧重于对学生在线下课堂的学习态度、学习心理和学习状态的评价，后者侧重于评价学生自我成长过程、互动学习参与度、学习内容掌握程度和考试成绩，两者结合的主要目的在于通过特定指标分析形成学生培养智慧的数据，以便进行教学评价，如图3所示。

图3 智慧课堂的功能架构

智慧课堂是以智慧学习平台为主体的智慧化学习空间，各构成要素之间通过互动或精准推送产生协同效应，但效应的程度高低决定于师生灵活的教与学，也可理解为智慧地教和主动地学。不过，因"灵活"二字的度较难把握，智慧学习空间产生的协同效应很难评估，由此引发了智慧课堂建设"痛点"。如何破解这一"痛点"？笔者认为，教师应从课程各知识模块中找出"痛点""坑点"作为教学内容设计依据，并在课程导入中突出所学知识能解决的问题及意义。再利用信息技术构思智能的学习过程：通过师生互动交流，准确锁定内容；在对"痛点"问题的讨论中，运用诸如"头脑风暴法"让学生充分参与线下课堂，教师再做适当点评。在线学习中，学习内容应强调浅入浅出，以激发学生兴趣和对知识结构整体把握为主要目标，同时也要激励学生学习分享、讨论，以此提高发现问题、解决问题的能力。

三、成本会计智慧课堂应用案例

根据上述智慧课堂的功能架构，智慧课堂建设需一个专用教室，里面配备投影仪、高清摄像头、麦克风、液晶显示设备、桌椅、多功能插座、智能终端、无线网络和超星学习通平台等软硬件设施；师生上课时自行配备手机、PC机或平板终端；教师自带终端需安装音频、视频、动画等制作软件和办公软件、学习通 App，学生自带终端需安装办公软件及学习通 App。

虚拟学习空间是智慧课堂调控中心，其创建过程如下：主讲教师先建群产生一个成本会计学习行政班，再利用手机在学习通 App 上创课，学生通过扫一扫进入教师所创课堂，然后教师根据教学目标推送相关视频、音频和文本文件，学生可以在学习通 App 上预习相关内容。

线下课堂中，老师可通过自助录课、再利用投屏教课，同时启用学习通上的自动管课功能，师生开始智能化的互动。信息技术工作完成后，智慧学习空间基本创建成功，如图4所示。

教学方法

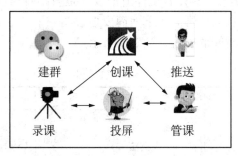

图4　智慧课堂

智慧课堂中，智慧教育理念需全方位地渗透，从专门教室装备、学习控制中心到师资配备无不渗透着诸如生本思想、人际协同、人机分工和创新学习能力等理念。在智慧教育理念的渗透中，教师智慧渗透最为关键：从集体教研确定教学大纲到选用教育资源、创课，再到学习通资源的推送和教学组织，最后至测评、总结，整个过程都闪烁着教师智慧的火花。下面以"制造费用的归集与分配"为例说明智慧课堂的智慧导向，如表1所示。

表1　智慧课堂应用案例

教学内容	现有教学模式	改进教学模式
制造费用的归集与分配	教学目标：①掌握制造费用的归集程序和分配方法；②能够运用不同方法进行制造费用分配；③培养学生对制造费用分配的内在逻辑。 教学模式：①方式：以学生为中心，教师组织；②方法：逐一介绍制造费用的分配方法，让学生熟悉各方法的原理和适用条件，再形成解决问题的能力	教学目标：①设定情境引导学生对归集制造费用意义的智慧思考；②分析不同分配方法对成本管理产生的影响；③归纳、总结不同方法的应用边界，培养解决问题的综合能力。 教学模式：①方式：以学生为中心，教师组织。②方法：任务驱动，制造煽情场景；总结归纳，锁定关键问题；利用短视频展现制造费用应用方法，然后形成解决问题能力的智慧

表1中"制造费用的归集与分配"教学任务设计只展示了影响学生智慧的处理问题能力目标，在具体实施时，还应进一步细化教学目标，通过激发学生的学习兴趣让他们获得自信、价值感和创新学习能力。如何达到这一目标呢？智慧地实现信息技术与学习素材的有机合成和人机合理分工应是问题的关键，由此创课被提上日程。一般而言，创课形式包括短视频、图片、音频、动画、自主录课和测评，也就是通常说的微课、快课。不过，不是每个教学内容都需用到这么多的创课形式，主要是因为线下课堂的课时限制和创课制作任务繁重。就"制造费用的归集与分配"的教学内容而言，采用短视频导入任务、利用大约30分钟的微课（含多个视频）讲解制造费用分配方法并自助录课制作快课等创课内容即可，然后推送到超星学习通"我的课

堂",以便学生碎片化学习。具体教学环节的设计是教师智慧的闪光,同时,实施的时候也需灵活应变,注意问题靶向。下面简要地说明一下"制造费用的归集与分配"教学内容、教学手段和时间的安排,如表2所示:

表2 教学过程简要

教学内容	教学手段	时间安排
(1) 任务导入	短视频、归纳法	3～5分钟
(2) 制造费用的归集	动画、举例法	15分钟
(3) 制造费用分配	微课、快课	50分钟
(4) 总结、测评	学习通发布	10分钟

成本会计教学中,方法应用内容较多,需要教师用智慧不断碎片化、生动化,做到人机合理分工,讨论、模拟环境和实践等相结合,以生本思想、创新学习能力培养为导向,成本会计课堂才可能实现高效率的学习。

参考文献:

[1] 祝智庭. 智慧教育新发展:从翻转课堂到智慧课堂及智慧学习空间 [J]. 开放教育研究, 2016 (2): 21.

[2] 第斯多惠. 德国教师培养指南 [M]. 袁一安, 译. 北京:人民教育出版社, 2001: 177.

[3] 祝智庭, 官珏琪, 刘俊. 个人学习空间:数字学习环境新焦点 [J]. 中国电化教育, 2013 (3): 1-6.

[4] 唐绪莹, 熊洁. 微课 [M]. 北京:机械工业出版社, 2017: 93-99.

浅谈翻转课堂在"公共日语"课程中的应用

陆湘玲

摘要：本文简要论述了翻转课堂在"公共日语"课程中的应用契机、实施方案以及成效等内容。翻转课堂模式的引入能有效地提高学生学习主动性、积极性，有利于学生养成自主学习的习惯和培养其自主学习的能力；能有效地提高教学效率，更有利于学生的个性化发展；能加深教师对学生学习状况的了解，促进师生交流。
关键词：翻转课堂；应用；主动性；积极性；个性化；师生交流。
作者简介：陆湘玲，湖南衡阳人，硕士，研究方向为日语语言学、日语教育。

一、关于翻转课堂

近几年来，作为一种新兴的教学模式，翻转课堂被众多高校推广应用。所谓翻转课堂，其译自"flipped classroom"或"inverted classroom"，也被称作"颠倒课堂"，是指重新调整课堂内外的时间，将学习的决定权从教师转移到学生。在这种教学模式下，教师不再占用课堂时间来讲授知识点，而是需要学生在课前完成相关知识点的自主学习，进而在课堂上通过完成任务、小组活动、答疑解惑等形式来满足学生的需要和促成他们的个性化学习。其目标是为了让学生通过实践更真实地学习。归根结底也是大教育运动的一部分，与混合式学习、探究式学习等其他教学方法和工具在含义上有所重叠，都是为了让学生学习更加主动、灵活，让学生的课堂参与度更高。这是对基于印刷术的传统课堂教学结构与教学流程的彻底颠覆，由此也引发了教师角色、课程模式、管理模式等一系列变革。

二、翻转课堂的应用与影响

随着翻转课堂模式的提出，不但各地中小学，各地高校也都相继推广应用了该种教学模式，并覆盖到了各个学科、各种性质的课程。比如，大学英语、大学数学、电子商务、护理实践教学、细胞工程实验教学、高校教育学、体育等课程。与此相关的论文也层出不穷，有总结在课程中应用情况的，有探讨实施方案的，有研究应用推广、技术支持的，有分析挑战的等。特别是随着互联网的普及、教育信息化的发展，翻转课堂可以说得到了相对充分的推广与应用。

翻转课堂的推广与应用，使教师和学生的角色都不同程度地发生了改变，教师由传统的讲授者和指导者转变成了主导者，学生由传统的听讲者转变成了自主学习者，变成了课堂中的真正参与者。翻转课堂的开展不论对教师还是对学生，无疑都提出了更高的要求。

三、翻转课堂在"公共日语"课程中的应用

在翻转课堂模式广泛被推广应用的大背景下，为推进信息技术与教育教学的深度融合，调动广大教师参与教学改革的积极性和创造性，提高课堂教学的有效性，提升学生的自主学习能力，我校也大力推动信息化教学改革，鼓励教师将翻转课堂模式引入课程教学中。在学校政策的大力支持下，笔者所担任的"公共日语"这门课程也获得了2017—2018学年第二学期校级翻转课堂教学改革试点项目立项。

（一）项目立项契机

自2017—2018学年第一学期起，为满足学院各年级非日语专业对日语感兴趣的学生学习日语的需求，我们开设了"公共日语"公共选修课。该课程在教学对象日语零起点的情况下，通过日语语音、词汇、基础句型、日常用语等的学习，使学生掌握基本的日语知识和简单的日常口语，培养学生学习日语的兴趣，初步了解日本社会和文化，并借以提高文化素养，使学生养成自主学习的习惯，为今后的继续学习奠定扎实的基础，通过课程学习以及实践作业，能说出常用问候语，能运用所掌握的日语语音、词汇、句型、语法知识等，进行简单交流。同时，作为一门语言工具，也将为学生将来就业提供更多选择。在开设课程的第一学期，由于2个学分的课程，每周只有1次课，并且班级人数达到60人，在时间有限、人数超过外语教学标准班型的情况下，教学开展过程中有进度滞缓、学生口头表达的机会不多等问题。为解决以上以往课程开展过程中遇到的问题，遂提出了翻转课堂教学改革试点项目立项申请。

（二）项目实施方案

在获得了2017—2018学年第二学期校级翻转课堂教学改革试点项目立项后，"公共日语"课程实行线上、线下相结合的教学模式，即根据课程教学内容，以讲授型加项目训练相结合的混合式教学模式和翻转课堂模式交替进行推进课程的开展。课程要求如下：①学生通过下载学习通App，按时接收学习计划、课程作业以及进行课上扫码签到等；②每周学生必须在翻转课堂学习讨论前自主学习规定章节的内容及任课教师下发的各类学习资料；③学生要积极参加翻转课堂的讨论与互动，巩固、拓展各章节学习内容，讨论中的表现计入课程考核成绩。

翻转课堂与混合式课堂按照7∶16的比例进行分配。混合式课堂主要是基本句型的讲解和与句型相对应的项目训练，这点与传统课堂无太大差别。翻转课堂则主要由测评式、情景模拟式、答疑式3种形式相互结合。学生提前利用超星平台、相应软件、教材等资料完成五十音图、浊音、促音、长音、拗音等的发音学习以及假名的辨认、各章节课程主要句型的理解等，翻转课堂上则以分组互测、单词抢答、造句纠错、看图抢答、角色扮演、看图说话等形式完成主要知识点的应用。同时，教师完成对学生学习过程中提出的疑难点的解答。

（三）项目实施成效

从2017—2018学年第二学期期末广东东软学院教学质量管理与保障部针对实施翻转课堂教学改革试点的课程下的学生进行的调查问卷（如问卷1、问卷2所示）结果来看，翻转课堂的实施主要有以下几点成效，"公共日语"课作为其中的一门课程，自然也不例外。

（1）学生的主动性、积极性得到了有效的提高。有利于学生养成自主学习的习惯和培养自主学习的能力。

问卷1　我认为与传统授课模式相比，我投入了更多的时间与精力在课前的学习上

选 项	人 数	比 例
非常同意	58	31%
比较同意	68	35%
同意	31	16%
不同意	24	13%
不确定	7	4%
本题有效填写人次	188	

问卷2　我认为与传统授课模式相比，我在翻转课堂上学习会更加认真一点

选 项	人 数	比 例
非常同意	62	33%
比较同意	51	27%
同意	39	21%
不同意	27	14%
不确定	9	5%
本题有效填写人次	188	

由于教师在课堂上的讲授变少，更多地在课堂上设置各种任务，对学生掌握、应用知识情况进行检测，学生的学习压力自然会有所增加。另外，学生在提前自主学习

的过程中，能够更多地对自己感兴趣的知识点进行深入探究，可以更好地保护学生学习的兴趣，从而有效地促进学生学习主动性、积极性的提高，促成其养成自主学习的习惯，形成自主学习的能力。

（2）提高了教学效率，更有利于学生的个性化发展。

翻转课堂模式的引入，让教师不再是唯一的讲授者，课堂时间不再由教师一人进行支配，这有利于更加科学合理地分配课堂时间。学生能够在课外提前进行自主学习，记下难点与疑点，课堂上可以得到老师的指导与答疑。另外，学生对通过自主学习、查询资料所获得的知识会更加印象深刻，对课堂中教师讲授的与此相关的知识点也会更加感兴趣，对感兴趣的问题可以进行进一步的探讨，对已经理解的知识点可以不再重复。这样一来，既提高了教师在课堂上的教学效率，同时又满足了学生个性化学习的需要，有利于学生的个性化发展。

（3）加深了教师对学生学习状况的了解，促进了师生交流。

在翻转课堂这一模式下，课程要求学生在线上通过音频、视频等方式进行学习，并在过程中随时进行检测，另外，还有相应的练习、测试等，过程数据在网络后台都能实时得到保存，并能及时反馈给教师。教师可以直观地了解到学生的学习情况。另外，通过话题讨论、课堂答疑等方式能及时掌握学生学习过程中的疑点和难点，及时进行指导。同时，这也促进了师生之间的沟通交流，教师可以根据各个学生的具体情况进行相对应的引导。

（四）项目实施过程中存在的问题

在"公共日语"课程实施翻转课堂的过程中，当然也还存在一些不尽如人意的地方。比如，因为该门课程是公共选修课程，学生在日语方面均为零基础，虽然大部分同学能在课前积极主动地学习，但在翻转课堂上进行测评、应用时，还是存在对知识点消化不到位、掌握不扎实的问题。而且，基于一直以来学外语羞于开口的习惯，不少同学在课堂上应用句型进行口头表达时还需教师竭尽全力地进行鼓励、引导，不够积极主动。在课堂答疑部分也存在学生提不出问题的情况。

四、总结

综上所述，在翻转课堂模式下，教师是主导者，学生是主角、主体。翻转课堂无论是对教师还是对学生，都提出了更高的要求。对教师在课程方面的准备要求更加严格充分，对学生在学习主动性、学习能力方面提出了更高的要求。翻转课堂在"公共日语"课程中的应用，有效地提高了学生的学习主动性、积极性，有利于其养成自主学习的习惯和培养自主学习的能力，有效地提高了教学效率，更有利于学生的个性化发展，同时也加深了教师对学生学习状况的了解，促进了师生交流。然而，对于如何进一步提高学生在课外自主学习的主动性，以及增强其在课堂上表达、提出疑问的意愿；在日语乃至外语学科，翻转课堂模式是否适合零基础学生，或者说更适合于何种能力水平的学生；教师对信息化手段的把握是否需要经过进一步的培训学习等，对于这类问题，我们在今后的教学中也需要进行更加深入的探讨。

参考文献：

[1] 侯珊红.论翻转课堂在大学英语教学中的应用［J］.昌吉学院学报，2017（5）：112-116.

[2] 李华.翻转课堂教学法在外语教学中的实证研究［J］.品牌研究，2018（8）：173-174.

[3] 吕卓童，牛健.大班翻转课堂教学中教师角色转变的效果研究［J］.海南热带海洋学院学报，2019，26（3）：123-128.

[4] 于洪波.翻转课堂在大学英语教学中的有效应用［J］.智库时代，2017（12）：133，139.

浅谈地方历史文化资源在"中国近现代史纲要"课程教学中的运用

——以佛山为例

吴颖仪

摘要：佛山作为历史文化名城，拥有丰富的历史文化资源。这些资源是"中国近现代史纲要"课程教学的优质素材。合理有效地将其运用到实践教学中去，可以充实教学内容，提高思想政治理论课的吸引力，帮助大学生了解近现代中国国情，增强爱国主义精神。

关键词：地方历史文化资源；中国近现代史纲要；实践教学。

作者简介：吴颖仪，广东东软学院马克思主义学院助教，研究方向为中国史。

我国高校开设的"中国近现代史纲要"（以下简称"纲要"）课程主要讲授中国近代以来，中华民族抵御外来侵略、争取民族独立、实现人民解放和坚持发展中国特色社会主义的历史，是面向本科生开设的四门必修思想政治理论课之一。课程开设的目的是帮助大学生"了解国史、国情，深刻领会历史和人民是怎么选择了马克思主义，选择了中国共产党，选择了社会主义道路，选择了改革开放"，使当代大学生摆脱历史虚无主义，树立起正确的历史观。2019年3月，习近平总书记在学校思想政治理论课教师座谈会上提出"八个统一"的具体要求，其中要求思政课在教学上"要坚持理论性和实践性相统一，用科学理论培养人，重视思政课的实践性，把思政小课堂同社会大课堂结合起来，教育引导学生立鸿鹄志，做奋斗者"。把地方历史文化资源融入"纲要"课程中，将其利用好，可以进一步提高高校思想政治课的实践教学效果。

一、佛山历史文化资源的现状梳理

"地方历史文化资源是指在一定地理范围内的人们在历史发展过程中创造的独具地方特色的历史文化生产和文化活动的各种精神产品的总和，包括物化形态的文化资源和精神文化资源。"佛山作为粤港澳大湾区的重要城市，是中国天下四聚、四大名镇之一，佛山历史文化也是广府文化的重要组成部分。作为国家级的历史文化古城，

佛山拥有丰富的地方历史文化资源，包括历史文化古迹、风俗、纪念馆等各种载体。

（一）佛山的历史文化资源

2014年，习近平总书记在北京考察工作时指出："历史文化是城市的灵魂，要像爱惜自己的生命一样保护好城市历史文化遗产。"丰富的传统文化资源彰显了一座城市的文化软实力，也是增强文化自信的重要途径。

许多历史名胜古迹是佛山作为历史文化名城的重要见证，如祖庙、梁园、清晖园、仁寿寺、南风古灶、塔坡庙、兆祥黄公祠等。在长期的历史发展过程中，佛山还形成独具特色的地方民俗文化。作为"南狮"发源地的佛山，有着最为传统的狮头扎作技艺，狮头扎作艺人借用戏曲里脸谱的色彩，根据《三国演义》中的人物形象，用拟人化的手法把佛山狮头做成独具特色的刘备面、关公面等。明清时期，佛山是中国四大木版年画生产基地之一。作为华南地区年画产地的代表，佛山的木版年画畅销海内外。铜凿剪纸的兴起与繁荣，离不开佛山冶铁业的发展，其技艺精湛独特，成品装饰性强、鲜明艳丽、别具一格。除了手工业外，佛山还有粤剧、八音锣鼓、佛山秋色等极具民俗特色的艺术活动。这些富有特色的古迹与民俗文化植根于民众，不断推陈出新，焕发着强大的生命力。

（二）佛山的红色文化资源

由于佛山邻近广州，作为近现代史上许多重要历史事件的发生地之一，佛山现在依旧保存着丰富的红色文化资源。习近平总书记指出，革命传统教育要从娃娃抓起，既注重知识灌输，又加强情感培育，使红色基因渗进血液、浸入心扉，引导广大青少年树立正确的世界观、人生观、价值观。在"纲要"课堂中引入佛山的红色文化资源，可以更好地培养和提高大学生的综合素质。

近现代史上的许多风云人物都在佛山从事过重要活动，因此，佛山也留下了许多重要的革命遗址和纪念馆，如康有为故居、陈铁军故居、吴勤烈士陵园、罗登贤事迹展览馆、廖锦涛故居、西海抗日烈士陵园、粤中纵队纪念馆、三谭纪念馆等。这些都是佛山人民宝贵的精神财富，也是"纲要"课程教学活动中的鲜活史料。

二、佛山历史文化资源对"纲要"实践教学的价值

首先，大学是青年学生形成正确世界观、人生观、价值观，坚定理想信念的重要阶段。然而，随着社会文化越来越多元化，大学生的价值观和信仰可能会出现危机，容易遇到各种挑战和冲击，如历史虚无主义、歪曲历史事实、诋毁国家领袖等，导致他们对历史记忆淡化，价值观受到冲击，容易迷失前进的方向，丧失理想信念。

其次，作为公共必修课，"纲要"课程一直以来都不太受大学生的重视。课堂的

学生人数多，尤其是对一些理工科学生来说，这些与专业无关的课程，往往成为他们睡觉、自学英语、赶作业、看小说，甚至打游戏的时间。这些不良现象给"纲要"课程教学带来了极大的挑战。

最后，随着现代互联网技术的不断发展，许多知识都可以通过网络、手机等媒介搜索查询，丰富了大学生获取知识的途径，传统的说教式教学模式已经不能满足大学生的求知欲。对于"纲要"课程而言，除了要站稳立场，保证教学内容正确、充实外，还要重点考虑采取切实有效的方式提高大学生的学习兴趣。

在各种因素的影响下，利用好地方历史文化资源，成为丰富"纲要"课程教学内容的重要手段。贴近生活和实际的地方历史文化资源，能够拉近学生与课程内容的距离，提高"纲要"课程的教学效果。

另外，利用地方历史文化资源作为"纲要"课程的教学素材，还可以生动直观地为大学生展示我们国家、我们党在革命、建设和改革开放时期，追求解放独立、富强民主不断奋斗的光辉历程。通过真实的历史还原和细致的理论分析，可以增强大学生对新时代中国特色社会主义的道路自信、理论自信、制度自信和文化自信。因此，对当代大学生来说，"将乡土红色文化灵活转化为教育教学资源，对增强中国近现代史纲要课程教学实效性，提高大学生思想政治素质，坚定社会主义信念，具有现实意义"。

三、佛山历史文化资源融入"纲要"的教学途径

2017年，中共中央国务院印发《关于加强和改进新形势下高校思想政治工作的意见》，指出："要强化社会实践育人，提高实践教学比重，组织师生参加社会实践活动，完善科教融合、校企联合等协同育人模式，加强实践教学基地建设，建立健全国家机关、企事业单位、社会团体接收大学生实习实训制度，开设创新创业教育专门课程，增强军事训练实效，建立健全学雷锋志愿服务制度。"增强大学生社会实践的成效，将地方历史文化资源运用到"纲要"课程教学中是其重要的途径之一。

（一）案例教学

佛山拥有丰富的历史文化资源，这些都可以成为"纲要"课最鲜活的素材。如：讲到维新运动时，可以让学生围绕康有为来探究，他的维新思想是如何发酵，一步步从南海走向全国；讲到探索中国革命新道路时，可以运用陈铁军、谭平山、谭植棠、谭天度等烈士的英勇事迹来举例；讲到抗日战争时期的游击战时，可以提到吴勤烈士等。在课堂讲授时，将这些案例融入教学中，加深学生对教材的理解，同时也使教学更加贴近生活，贴近现实。

（二）实地考察

"走向历史现场，是课堂教学的进一步深化，是教学内容与'历史真实'之间最佳契合点。所以，在教学过程中，要努力开发和利用学生所在地区的红色文化资源，这既是理论联系实际的重要体现，更是'走向历史现场'的好方法。"因此，教师可以让学生通过分组的形式进行实地走访，如高明的粤中纵队纪念馆、三谭纪念馆、康有为故居、南海博物馆等一些纪念馆和历史博物馆。

在实地考察的过程中，要倡导学生积极参与其中。在外出参观考察前，教师可以给学生设置好考察主题和内容，并让学生做好相关资料的收集；在活动中，让学生通过实地参观丰富而直观的历史图片和文物史料，聆听工作人员的讲述，主动发现问题，并通过调查研究等方法解决问题，最终形成实践报告或研究论文，从而培养学生独立解决问题的能力，激起学生学习的积极性和主动性。

（三）播放多媒体资料

目前，在高校课堂中运用现代信息技术播放多媒体资料已经成为教学常规手段，多媒体教学在"纲要"课中的优势也十分明显。多媒体资料主要是指一些电视电影片段、纪录片、专题片等，还有实物、图片、照片等。通过剪辑和制作相关的多媒体资料，可以把不能再现的历史较为直观、真实地展现在学生面前，大大激发他们的学习兴趣。

课堂上，除了给学生观看与"纲要"课程实践教学相关的大型专题纪录片，让学生了解近代中国是如何在艰难曲折中走向民族复兴，进一步认识中国共产党领导中国人民取得近代革命、社会建设的伟大成就外，还可以播放一些讲述佛山本地历史文化以及佛山在中国特色社会主义时期如何探索与追求的纪录片，如《看佛山》《佛山制造》《佛山廉洁文化 DNA》《佛山商道》等，以此加深学生对本地历史文化的认识，引起共鸣，提升学习热情。

（四）课内实践

在课堂上，树立"以学生为主体"的观念，通过组织课堂讨论、汇报展示等方式，让学生积极参与其中。如在"纲要"课堂中讨论"如何评价康有为领导的维新运动"等，可以让学生利用所学知识，自主探索论证，从而加深对教学内容的理解和认识，提高学生的理论分析能力，加深对历史文化内涵的理解。

总之，将佛山历史文化资源引入"纲要"课程教学中，是对"纲要"课程教学的积极探索。利用好这些本土资源，能够激发学生对"纲要"课程的学习兴趣，进一步推进课程教学改革，提升教学效果。

参考文献:

[1] 本书编写组. 中国近现代史纲要 [M]. 北京: 高等教育出版社, 2018.

[2] 吴晶, 胡浩. 习近平: 用新时代中国特色社会主义思想铸魂育人 贯彻党的教育方针落实立德树人根本任务 [EB/OL]. (2019-03-18). http://www.xinhuanet.com/politics/leaders/2019-03/18/c_1124250386.htm.

[3] 严考亮. 利用地域特色历史文化资源增强思想政治理论课的实效性 [J]. 教育与职业, 2011 (33): 58-59.

[4] 习近平. 习近平在北京市考察工作时的讲话 [N]. 新华日报, 2014-02-25 (1).

[5] 习近平. 在安徽调研时的讲话 [N]. 新华日报, 2016-04-24 (1).

[6] 李桂红. 乡土红色文化在中国近现代史纲要课程教学中的运用 [J]. 天中学刊, 2001 (2): 108-110.

[7] 中共中央国务院. 关于加强和改进新形势下高校思想政治工作的意见 [N]. 人民日报, 2017-02-28 (2).

[8] 李成生. 吕梁红色文化资源在《中国近现代史纲要》课程教学中的运用 [J]. 长治学院学报, 2012, 12 (6): 90-92.

教学方法

5G 网络下以创新创业为导向的数字媒体专业教学模式研究

谢 峰

摘要：5G 网络作为第五代移动通信网络，是未来的发展趋势。为贯彻实施国家创新驱动发展战略，在 5G 网络下以创新创业为导向，将数字媒体专业教学模式与"大众创业、万众创新"政策紧密结合，互相促进、互相发展。数字媒体技术专业作为新兴朝阳专业在越来越多的应用型本科院校开设，构建 5G 网络下以创新创业为导向的数字媒体专业教学模式十分必要。本文指出了在 5G 网络下以创新创业为导向的数字媒体专业教学模式的重要性，分析了应用型本科院校数字媒体专业教学模式现状，探索并研究构建数字媒体专业教学模式的措施。

关键词：教学模式；创新创业；5G。

作者简介：谢峰，副教授，研究方向为数字媒体、影视技术。

党的十八大以来，"大众创业""万众创新""支持青年创业"的呼声越来越高。随着 5G 技术的成熟和高速发展，应深入分析目前高校移动互联网技术教学过程中存在的主要问题，将 5G 网络下以创新创业为导向的教学理念引入数字媒体专业教学中，在教学实践中丰富理论，使研究既具有科学性，又具有可操作性。而在 5G 网络下，积极探索数字媒体专业以创新创业为导向的教学模式的构建，对提高教学质量起着重要的作用。

一、数字媒体专业教学模式现状

在 5G 网络下以创新创业为导向的教学模式改革，将 5G 网络和创新创业相结合是网络的新产物，缺少相关的直接经验，所以在 5G 网络下以创新创业为导向的数字媒体专业教学模式改革与探索仍存在部分问题，这就是本文需要着重解决的事情。

（一）教学模式不能适应 5G 的环境

数字媒体专业随着网络的发展经历了两个发展阶段。第一阶段是计算机端的互联网阶段。这个阶段由于网络基站建设成本过高,无法在教学中广泛应用。第二阶段是移动互联网阶段。这个阶段只要有移动端设备,就可以实现网络互通,这个时候教学资源普及速度非常快,但是由于网速的限制,许多复杂的网络资源无法传输,因而无法实现普及。现在,数字媒体专业随着5G网络的发展进入一个新的阶段,网络将无所不在,这就有了5G网络+教育的基础。传统的数字媒体专业教学模式是在教师与学生关系中展开,而在5G网络的环境下,新的教学模式是在人和设备、人和服务方面等关系中展开,特别是人和服务这个领域。5G网络的高速普及和发展,把移动网络技术和创新创业的教学模式紧密结合起来,两者作为新时代的产物,有效的结合将带来极其深刻的影响。在5G网络下以创新为导向的教学模式改革将具有划时代的意义。通过5G网络,以创新引领创业、以创业带动就业,推动数字媒体专业教学模式的改革,让数字媒体产业成为新的经济增长点。

(二) 教学模式没有以创新创业为导向

目前,应用型院校对数字媒体专业学生的培养缺乏围绕专业特征进行系统科学的就业和创业指导,没有构建以创新创业为导向的教学模式。这不利于数字媒体学生专业知识与技能的提升,不利于学生就业竞争力和创业能力的提升。教师和学生出现两个不足:一是创新能力不足。对于数字媒体专业的学生来说,创新是重中之重。而具有思维局限性且创新能力不足的学生在进行设计的时候就容易思维枯竭,创造不出好的作品,这就是教学模式需要高度重视并且改革的问题。二是缺少创业欲望。学生有想法才能付诸实践,因此,培养学生的创业思维是数字媒体专业必要的教学内容。缺少创业欲望会导致学生不够了解创业的相关知识,对创业不感兴趣,这不利于我国人才的合理配置。

(三) 理论教学与实践教学脱节

5G网络下以创新创业为导向的人才教育目标是培养综合性应用型人才,提高学生的实际动手能力和社会实践能力。现阶段,缺少实践课程是数字媒体专业教学中出现的重要问题。一是实践类课程定位不明确,教师在课堂上重视理论教学,却忽视了学生的实践,学生难以获得实践的机会,导致学生对专业知识的理解停留在表面上;二是实践教学课程设置不够合理和科学,课时数分配不均,导致学生无法进行充分的实践练习;三是实践场地有限,实践基地建设有待加强。目前应用型本科院校基本都有各种挂牌的创新创业基地建设,这些基地并没有和专业的相关行业企业合作,而且这些基地还是以传统的理论授课为主,不具备创新创业的条件,实践环境无法满足教学需求。

二、5G 网络下构建创新创业为导向教学模式的策略

(一) 在 5G 网络下构建教学模式的目标

5G 时代带来了高速度、低延时、众连接的网络优势。5G 网络使各行业更便捷地连接在一起,其真正目标在于打破时空,提供多维度的移动网络服务,为各类创新提供了无限的想象空间。5G 网络能让数字媒体专业的教学模式和"大众创业、万众创新"政策紧密结合,互相促进、互相发展,以此提高学生的创新创业兴趣和能力;把 5G 网络的优势和课堂教学模式、行业发展前景相结合,培养人才的社会适应能力;通过 5G 网络让教师在移动应用中实现教学,提高教学质量;转变传统的教育思想,在 5G 网络紧密结合"大众创业、万众创新"政策的大环境下让学生从被动学习转为主动学习,将理论教学与实践教学有效地结合起来,达到国家和社会的要求。

(二) 在 5G 网络下构建创新创业的教学模式

(1) 以"大众创业、万众创新"的大环境促进学习。学生不仅仅只是在课堂上完成学习任务,还可以以 5G 网络为依托组建创新创业团队进行学习,变被动为主动,提高学习积极性。

(2) 建立以创新创业为导向的教学目标。应用型本科院校要认识到创新创业的重要性,高度重视对学生创新创业能力的培养,应用型本科院校要将创新创业思想纳入数字媒体教学体系中,为提高数字媒体教学质量提供理论基础和保障。应用型本科院校要创造 5G 网络的环境,以创业为导向的教学目标,通过 5G 网络提高课堂教学效率,让学生掌握基础知识和技能,教师要向学生灌输 5G 网络下的创新创业理念。

(三) 在 5G 网络下构建创新创业的教学方向

(1) 5G 网络主要是围绕人和服务的需求,实现人和各种服务的连接,具有高速度、低延时、众连接的优势。结合"大众创业、万众创新"政策,数字媒体专业的教学方向需要紧跟 5G 网络的发展趋势,在传统的人才培养方案中调整培养方向或构建 5G 课程体系,特别是要建构课程体系里面虚拟现实课程和人工智能课程等与 5G 网络息息相关的课程。另外,发展数字媒体教育资源的建设,实现在线教育,让学生有效地利用 5G 网络的优势进行自主学习。

(2) 随着 5G 网络的发展,教学资源将进入井喷的时代,特别是像数字媒体专业这种紧跟时代步伐的专业,只靠学校的课堂和课本是无法满足教学需求的,必须借助 5G 网络获取最新教学资源。因此,涌现了一批在线学习平台。另外,数字媒体专业进行教学改革,应该依托 5G 网络的优势实现以学生为中心通过线上理论学习,线下

创新创业实践应用的混合式教学，提高教学的效果。

（3）作为数字化经济增长新引擎，5G将引发新的创业潮，催生新的商业模式，塑造出新的创新创业新生态。作为科学研究的前沿阵地，大学应做好准备，超前布局，引领5G时代人们生产和生活方式的变革。智能化时代应进一步加强创新创业教育，连接科技与商业这一创新创业的教育模式，打造创新创业教育的新生态。创新创业教育的关键，一方面，在于强化创新人才培养的机制建设，健全和激活人才创新创业培养的体系；另一方面，还要积极营造有利于创新创业的良好氛围，要加强校企结合，共同营造开放包容、宽容的创新氛围，让创新创业的源泉充分涌流。

三、在5G网络下实现创新创业教学的意义

（一）促使数字媒体专业的创新创业资源均衡化

5G网以高速率、大容量整合一切创新创业的资源，优质的创新创业机会面向的将不再是一个区域的学生，而可能同时有几千几万的学生一起选择和挑战。这将给数字媒体专业教育带来巨大的变化，也使得创新创业的机会不再只是局限在珠三角等发达区域，其他二三线城市同样也能享受到同等的教学资源，真正意义上带来创新创业资源的均衡化。

（二）有效提升学生自主实践的水平

师生通过5G网络进行的创新创业教学活动，最重要就是要把传统的教学内容通过5G网络实现项目协同，以此来完成教学任务。通过教学活动搭建项目，以5G网络为载体实现创新创业活动，使学习者的能力在这种新的教学模式中不断提高。它打破了传统教学单向教学的体系，让教师和学生通过创新创业实现教学目标。教师通过5G网络实现和学生的创新创业项目协同，极大地激发了学生的学习热情和创新创业的兴趣，符合创新创业教学模式的原则。以5G网络为平台，以创新创业项目为基础，师生共同主导，改变传统的单向教学，强调形成积极、主动的学习态度，强调竞争与合作。在5G网络平台下，创新创业实践教学的基本特征是以5G网络为平台的创新创业实践为主线、教师为主导、学生为主体。其关键是通过5G网络实现创新创业，让学生在实现创新创业的过程中掌握知识、技能与方法。在创新创业中引入竞争和合作的机制，整体实现学生自主实践水平迅速提升。

（三）提高学生的学习积极性

数字媒体专业在实践教学过程中，以5G网络为基础，以创新创业为主导，师生一起承担项目，实现产学研为一体的教学目标。学生融合"教"与"学"到创新创

业工作室，实现理论与实践的有机结合。在创新创业的项目中，通过5G网络传播学生的项目成果，使学生的创业创新项目成果得到推广并且获得价值，以此提高学生的学习积极性。

（四）提升学生的实践创新能力

以5G网络为平台，加强同网络自媒体的合作，建立有影响力和稳定性的网络创新创业基地，保证学生有充足的创新创业机会。基于我校的IT特色以及数字媒体专业本身注重实践应用的特点，本专业依托5G网络建立"基础实践平台、校内实验实训平台、校外实习实训平台、校内大学生创新创业平台、校企合作协同创新育人平台"五大实践平台，统筹设计"课程实践、实践学期实践、创新创业实践、毕业设计与企业实习实践、'五元能力'素质拓展项目实践"五大类实践项目，构建了与理论教学体系相辅相成又相对独立的涵盖"基础—综合—创新"3个层次的进阶式实践教学体系，以突出能力培养为驱动的创新实践教学体系设计。本专业设计了以课堂实验、综合实践课程、毕业实习实践以及创新创业教育平台（SOVO、印加部落和18MALL等）五重创新实践能力培养结构，大力提升学生的实践创新能力。

四、总结

以5G网络为基础，以创新创业为导向，转变数字媒体专业的教学模式，依托5G网络的优势，培养大学生的创新创业能力，并且根据这一需求不断调整教学内容，改变教学模式，将创新创业能力与理论教学有机地结合起来。以学生为中心，将有限的课时转为无限的5G网络资源，以时间换空间，利用5G网络的优势发挥学生的创新创业能力。

参考文献：
谢峰.基于竞赛+项目的创新创业培养模式研究［J］.智库时代，2017（12）：268，271.

"Linux 程序设计基础"在线开放课程教学模式改革与实践

杨俊伟 郭鹏飞 佟向坤

摘要：随着现阶段对学生系统综合能力、计算思维能力要求的提高，"Linux 程序设计基础"课程作为计算机学院专业基础课程的地位越来越得到重视和加强。在总结多年的授课经验的基础之上，结合对国内外在线开放课程及精品资源共享课的研究，笔者综合分析了该课程的整体知识架构，对知识点、技能点进行了概括、梳理和划分，对课程内容、单元设计、教学案例进行了重新设计，录制了全套的授课教学视频，并编制了课程题库，借助超星平台及其移动端学习通 App，采用线上线下混合制教学模式改革与实践，取得了良好的效果。

关键词：Linux 程序设计基础；在线开放课程；精品资源；教学模式改革。

作者简介：杨俊伟，河南许昌人，硕士，讲师，研究方向为计算机软件与理论、嵌入式系统开发。郭鹏飞，河南周口人，硕士，助教，研究方向为计算机通信技术、软件与理论。佟向坤，辽宁葫芦岛人，硕士，讲师，研究方向为计算机自动化控制技术。

一、前言

（一）开放课程建设的必要性

党的十九大以来，高校对新时代高等教育的新使命、新任务、新要求有了广泛、深刻的认识，围绕高等教育提高质量、推进公平、创新人才培养机制等重要任务，深入贯彻理解"在线开放课程建设与应用推进会"精神，教育部出台了《关于加强高等学校在线开放课程建设应用与管理的意见》，规定了建设在线开放课程的三大基本准则——立足自主建设、注重应用共享、加强规范管理，旨在推进以慕课应用为手段，促进信息技术与教育教学的深度融合，推动教学理念、教学模式、教学技术、教学方式、教学方法的改革。

（二）在线开放课程建设现状

随着网络信息化的普及与发展，目前高等院校对多媒体技术与网络教育平台的应用逐渐扩大，大规模的网络课程、在线开放课程、精品资源共享课等新型的教学方式方法在世界范围内迅速兴起并得到快速发展。教育部在2018年1月推出了首批"国家精品在线开放课程"，共490门，到2020年，教育部计划推出1万门国家级一流精品课程，同时推出1万门省级一流的精品课程。在线开放课程较之传统的授课模式有很大的区别，教学过程不再受限于时空，教学的方式和方法也更加灵活多样，从而激发了学习者的学习兴趣，提高了学习者的学习积极性，对教学内容的组织、教学管理体制、结果考核等都有促进和改良作用，同时，也对高校的教学模式改革与教师的教学方式方法提出了新的要求，机遇和挑战并存。

"Linux程序设计基础"课程是计算机学院的专业基础课，并且在电子信息工程系人才培养方案中起到承上启下的作用，衔接"程序设计基础""计算机基础"等前修课程和"嵌入式系统基础""嵌入式驱动软件"等后续课程，课程内容涉及面广、难度大。为了提高教学质量，真正做到教育创造学生价值，笔者利用现代化教学技术和手段，建设了"Linux程序设计基础"在线开放课程，并实施了混合式教学模式改革，成效显著。

二、在线开放课程建设

（一）课程整体设计

"Linux程序设计基础"课程建设按照人才培养方案的要求，结合校内外专家意见，对课程的知识架构做了整体的分析和设计，遵循学习者的认知规律和能力培养规律；对课程内容组织整理，将教学单元按知识点、技能点重新梳理、划分，合理分配学时，符合在线开放课程的需求；理论联系实际，课内外有机结合，以项目为导向，在单元设计和综合案例设计的基础上融知识传授、能力培养、素质教育于一体。如图1所示，将课程内容分为文件、多进程/多线程、进程间通信三大部分，前三章基础知识作为三部分的有力支撑，以Linux网络传输系统综合项目为主线，贯穿授课全过程。

（二）课程单元设计

在教学内容的组织和选择上，体现现代教育思想，符合"互联网+"现代教育教学规律出发，具有基础性、科学性、系统性、先进性、适应性和针对性。适应在线开放课程和辅助学习的需要，对学习者的创新能力、实践能力和可持续发展能力的培

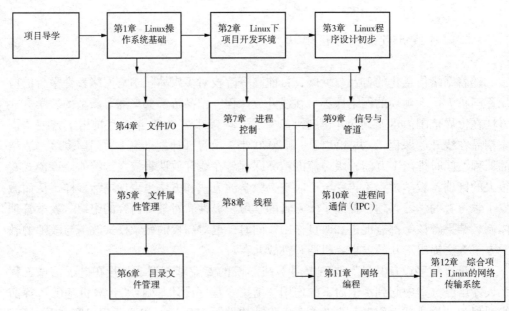

图 1　课程整体知识架构设计

养起到帮助和促进作用。为了使教学内容更加符合在线开放课程的需求，课程建设团队教师多次与超星平台沟通交流，将课程单元内容梳理划分为各个知识点和技能点，在每个知识点、技能点以及学时分配上反复斟酌，最后确定 76 个知识点和技能点，加上 9 个章节测验，总共为学习者发放 85 个任务点。教师可以通过对任务点的跟踪，随时掌握学习者的学习进度情况以便对进度和内容及时调整。

（三）课程项目案例设计

"Linux 程序设计基础"课程建设以项目案例为导向，知识点和技能点的划分都以项目案例为依据，将完成项目案例所需要掌握的内容拆分成一个个知识点和技能点，每个单元都配合一个单元项目，作为该单元知识和技能的总结和提高，并以综合项目案例贯穿整个课程体系，力争使学生在综合项目阶段打通前后所学知识，做到融会贯通，真正做到将理论与实践环节相结合。课程团队教师结合多年的授课经验，走访企业相关专家学者，在项目案例设计上使其在具有专业性的同时，也具有科学性和创新性。各单元项目案例以及综合项目如表 1 所示：

表1 课程项目案例

项目编号	项目名称
项目1	SSH远程登录Linux系统
项目2	基于Linux系统的学生成绩管理系统
项目3	修改环境变量
项目4	文件复制命令的实现
项目5	文件属性操作
项目6	显示指定目录下文件列表
项目7	实现简单的SHELL
项目8	多线程实现读者—写者问题
项目9	基于TCP的Linux网络编程
综合项目	Linux网络传输系统

三、课程资源建设

（一）授课录像拍摄模式

在线开放课程的录像拍摄方式有场景拍摄、问题讨论式拍摄、触屏电视拍摄和屏幕录制式拍摄。这4种拍摄模式各有优缺点，主要是应用于不同场景或不同条件。综合考虑到"Linux程序设计基础"课程性质，以及学校自身特点，课程团队采用了场景拍摄和屏幕录制式拍摄相结合的方式。将知识点和技能点统一规划、梳理、精炼提纯后，按照每个5～20分钟的内容展示，前期准备好全部的讲稿脚本，录像之前反复熟练讲稿，尽量做到举止得体、讲解清晰、语速适中，配合超星专业技术人员完成录像的拍摄，整个拍摄过程在学校演播室进行，采用蓝色背景墙，后期使用抠像技术，再配上图片、字幕以及动画特效。实践环节，采用屏幕录制的方式进行课程代码和项目案例的教学，有利于学生反复观看。这种混合录制的模式既满足了学生希望教师出镜的需求，也更加方便学生在实践环节紧跟教师步骤进行实操。

（二）视频配套资源建设

在线开放课程除了关键的授课视频、项目案例之外，课程团队还精心打造了与之配套的课程资源，包括题库一套，包含上百道选择、判断、填空、简答等题目，内容涵盖授课单元知识点和技能点，作为每章课后习题和测验，学生可在线答题，满足日常教学需求；源代码一套，涵盖了视频与书本上的绝大部分源程序；另外，PPT讲稿、教学文档、实验指导书、文字版章节概述、与视频匹配的自编教材"Linux系统程序设计"等相关资源已经上线并全部投入使用。

四、教学方式与方法

依托超星平台，围绕将"Linux 程序设计基础"课程建设成为"资源丰富、在线互动、开放共享"的精品课程这一理念，真正做到以学生为中心，利用已经上线的丰富的教学资源，配合线下教学环节展开"线上+线下"混合教学模式改革，并灵活利用超星平台提供的在线答疑、通知发布、网上讨论、签到、抢答、随机选人、问卷调查、投票等教学辅助手段，每个单元都设置相应的题目，注重把握互动提问环节，使学生积极参与到课程教学中来。以课程为纽带，建立起有效的师生交流与协作、练习与反馈机制，利用在线课程的数据统计功能可对学生的学习情况实时追踪，可以根据统计结果调整进度、不断改善教学方法。

随着线上线下混合制教学模式的改革，课程的评价体系也随之调整，以构建多元化的课程评价体系。该课程的评价体系由线上和线下成绩组成，包含平时成绩和期末成绩，如表 2 所示：

表 2　课程评价体系

考核指标	占比	评价内容
考勤	10%	利用签到系统，每节课上课时签到（二维码、连线、定位、照片等方式）
视频观看	10%	全部视频观看完毕为满分，系统实时统计
实验作业	20%	实验作业提交情况，在线发布、在线批改
访问	5%	设置在线课程的访问次数，不足扣分
互动	5%	根据网上讨论、答疑、提问、投票、问卷调查、抢答、随机选人等情况
线下成绩	50%	期末考试/考查

设立多元化的评价体系，适应在线开放课程的特点，也符合混合制教学模式的改革，为多元化、个性化、应用型人才培养提供保障，使人才培养体系兼顾素质教育、专业知识教育、实践创新能力以及个性化发展等方面。

五、总结

"Linux 程序设计基础"课程采用线上、线下混合制教学模式，结合课程团队精心制作丰富的线上教学资源和线下教学，根据课程内容和学生特点，灵活恰当地运用超星平台提供的教学辅助方式、方法，有效调动学生学习的积极性，激发了学生的学习兴趣，提高了学生自主学习能力，对学生系统能力、计算思维能力的提升有很好的促进作用。该课程已顺利通过了校级在线开放课程和省级精品资源共享课教改项目的结项，上线以来访问量超过 65 万，师生都给予了很高的评价，并获得教学成果三等奖，在教学模式改革与实践中起到了很好的示范作用。

参考文献：

［1］李文丰，张嘉文，房雅娟. 精品在线开放课程录制实践探究［J］. 新西部，2019（14）：151－152.

［2］韩燕，沈元元. 应用型本科在线开放课程建设的现状及其对策［J］. 现代交际，2019（10）：33－34.

［3］程晨，周祎. 在线开放课程在地方应用型本科院校的发展现状和路径探索［J］. 教育教学论坛，2019（6）：170－171.

［4］吴荻，周海芳，周丽涛，等. 基于 MOOC 平台打造大学生计算机基础国家在线精品课程［J］. 计算机教育，2019（4）：53－60.

讲练结合+翻转课堂教学改革实践与反思
——以"TCP/IP协议与网络编程"课程教学为例

周二宁

摘要： 针对"TCP/IP协议与网络编程"课程涉及计算机网络知识和JAVA编程，知识内容广泛、晦涩难懂，学生接受速度慢，难以消化等特点，笔者在教学中实行一种讲练结合+翻转课堂的教学模式。实践证明，这种教学模式不仅能提高学生的学习积极性和听课效率，还能帮助学生及时消化课堂教学内容。

关键词： 讲练结合；翻转课堂；网络编程。

作者简介： 周二宁，硕士，研究方向为软件开发。

一、应用型人才培养模式下专业核心课课程教改的意义

随着高等教育大众化，社会对人才的需求也逐渐趋于多样化、专业化。要求人才不仅要具备专业理论知识，还要具备较强的动手能力、实践能力，因此，应用型人才培养工作受到了广泛重视。广东东软学院与其他应用型本科院校类似，为满足社会发展对应用型人才的需求，从自身实际出发，学习借鉴国际同类院校先进的教育理念和教学方法，积极鼓励教师根据自己课程的特点，积极开展应用型本科人才培养的理论研究与实践探索，在保证学生理论知识扎实的基础上，着重培养学生的应用能力，提高毕业生的专业素养。

"TCP/IP协议与网络编程"是网络工程系的专业核心课，该课程以程序设计基础（JAVA）和计算机网络为前期课程，总共教学16周，共64学时，其中实验课16学时。以往的教学方式是将理论教学和实验教学完全分开，由于理论知识涉及很多JAVA类函数，学生很难在课堂上理解和掌握这些函数的应用方法和应用环境。即使后面进行实验教学，学生也很难立即将课堂讲授的知识点关联起来，并应用到实验课上。因此，为进一步提高课堂教学效果，笔者以传统教学为基础，探索"TCP/IP协议与网络编程"课程讲练结合+翻转课堂的教学改革。

二、"TCP/IP 协议与网络编程"课程讲练结合+翻转课堂实施

"TCP/IP 协议与网络编程"课程教改的实施过程分为三个阶段:理论知识讲授阶段、课堂知识内化实践阶段、建立与讲练结合+翻转课堂相适应的考核方式和奖惩方式。其中,理论知识讲授是课堂知识内化的前提,实现课堂知识内化需要与课堂测试和应用相结合,而考核方式和奖惩方式的建立是保障课堂知识内化的有效措施。

(一)理论知识讲授阶段

理论知识讲授采用传统的教师授课+网络资源自学方式。我们将全部课程内容分为两种模块:基础理论知识和 JAVA 编程知识模块。如表1所示,基础理论知识模块采用传统教学模式;而 JAVA 编程模块根据难易程度采用不同的教学模式,难以理解和掌握的模块采用讲练结合的教学模式,容易理解和掌握的模块采用翻转课堂的教学模式。

表1 课程知识模块分类

课程内容	网络基础知识	流	线程	Internet 地址	URL 和 URI	HTTP	URLconnection	客户端 Socket	服务器 Socket
模块划分	基础理论知识	JAVA 编程	JAVA 编程	JAVA 编程	JAVA 编程	JAVA 编程	JAVA 编程	JAVA 编程	JAVA 编程
难易程度	一般	难	难	一般	一般	容易	容易	难	难
教学模式	传统教学模式	讲练结合模式	讲练结合模式	讲练结合模式	讲练结合模式	翻转课堂模式	翻转课堂模式	讲练结合模式	讲练结合模式

(二)课堂知识内化实践阶段

由于课程既涉及"计算机网络"课程,又用到 JAVA 编程,对于涉及"计算机网络"课程的基础理论知识部分我们采用传统教学模式,为实现课堂知识内化,增加提问环节,具体安排如下:理论讲授占60分钟左右,学生消化和讨论占15分钟左右,提问环节占5分钟左右。涉及 JAVA 编程的章节我们采用讲练结合+翻转课堂的教学模式。

对于采用讲练结合模式的章节内容,为实现课堂知识内化,将课堂80分钟进行大致划分,前50分钟由老师讲授理论知识,后30分钟由老师根据本堂课所学知识结

合前面的课程，编辑一道随堂测试题，根据测试题的难度大小，决定这次测试类型是一次随堂作业还是随堂练习，不同的测试类型有不同的考核标准和考核方式。

对于采用翻转课堂模式的章节内容，我们提前对章节内容根据知识模块进行划分，例如，某一章可以划分成4个知识模块，那么，学生就分成4组。其中，每组的组长由学生自愿出任，然后其他学生选择自己的组长，加入队伍。组长有组织组员制作PPT和讲解知识模块的责任。

通过以上3种不同的教学模式，学生在课堂上的注意力集中，听课效果明显提升；在课堂上就可以将本堂课知识内化，并可以通过提问或测试环节加深理解。

（三）建立与讲练结合+翻转课堂相适应的考核方式和奖惩方式

针对基础理论知识部分，我们的考核方式是课堂提问：被抽到的学生如果没有答对问题，则下一节课需要坐到第一排听课。

对于讲练结合模式的教学，根据测试类型分成两种考核方式，随堂练习的题目一般都非常简单，学生根据课堂讲授的知识点或课本可以很容易编程实现，所以要求学生都要在课上完成，由老师下课前进行检查，没有完成的学生下节课坐到前排。随堂作业的题目一般比较复杂，不仅需要灵活运用课上讲授的知识点，还会用到其他理论知识，因此，对应的考核方式也有不同：课上能完成的学生，本次作业优秀（一般90分以上，老师根据检查结果给出具体分数）；课上不能完成的学生，课下需要继续完成并上交作业，此次作业的成绩一般为优秀以下（个别课下做得很优秀的学生除外）。

对于翻转课堂模式教学，考核方式设置如下：每组组长起始分90分，组员70分；如果该组把负责的知识模块讲解透彻，学生反映良好，则该组全员加10分；学生可以对该组成员进行提问，该组成员某学生答对问题，则该学生加10分，如果该组成员没有人能答对，则该组全员扣5分。翻转课堂的学生成绩设置在0到100之间。

为了引起学生对随堂测试和翻转课堂的重视，在期末成绩中将讲练结合模式的教学考核成绩作为作业成绩，将翻转课堂模式的教学考核成绩作为平时成绩。

三、教改实践的反思总结

在课程改革的实施中，老师负责完成知识模块分解工作，使用课堂讲授、课堂提问、课堂测试、翻转课堂等环节实现知识点的传授；学生通过这些环节将知识点内化并应用。

目前，课程改革已在网络工程专业2016级1~6班课程教学过程中实施，实践结果统计如图1和图2所示。从图中可以看出，学生的成绩基本集中在80~90分之间，这说明此次教学改革效果明显。在每个知识模块讲解结束后，都可以通过课堂提问和测试考查学生对该部分的掌握程度,最后通过实验课将所有知识点联系起来,强化对知识的掌握和理解,形成一个知识体系。该课程改革还在探索中,尚不完善,仍需进一步的实践和改进。

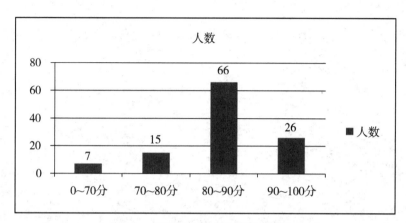

图1 讲练结合模式作业测试统计

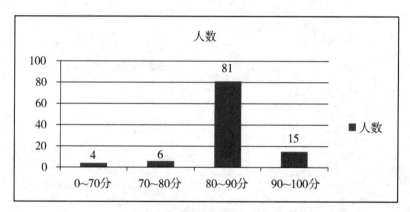

图2 翻转课堂模式测试统计

参考文献:

[1] 袁照平. 应用型本科教育培养模式探析[J]. 中国电力教育,2008(15):14-15.

[2] 车爱静,李雪梅. 应用型人才培养模式下专业基础课程教改探索:以"信号与系统"为例[J]. 农村经济与科技,2019,30(6):274-275.

[3] 陈旻,叶丽频. 翻转课堂的教改实践与反思:以医学伦理学教学为例[J]. 中国医学伦理学,2019,32(4):531-535.

[4] 刘志猛,赵燕丽.《计算机网络安全》课程的讲练结合教改探索[J]. 现代计算机,2019(12):76-78.

[5] 邵一江,刘红. 基于能力导向的模块化教学体系构建:合肥学院模块化教学改革的理论与实践[J]. 合肥学院学报(自然科学版),2013(4):58-63.

实践教学

提高大学生身体素质的体育教学模式改革设想

曾 红

摘要：为提高大学生的身体素质，促使大学生养成经常参加体育锻炼的习惯，树立终身体育的意识，本文提出了对当前的大学体育教学进行改革的设想，建立一种贯穿大学4年，体育锻炼课内外一体化的新的大学体育教学模式。

关键词：身体素质；大学体育；教学模式。

作者简介：曾红，体育硕士，讲师，主要研究方向为体育教学、广场体育艺术。

一、前言

为了贯彻落实党的教育指导方针，教育部特颁布了《全国普通高等学校体育课程教学指导纲要》，以促进各高校学生的健康发展。大学体育教学的重点是让学生学会应用课程学习的内容。教学方法趋向自主化，需要有打破学校边界、教室边界、教材边界和课堂边界的新型教学方法。根据大学生的发展特点与需求，制定提高身体素质的教学模式，使其形成运动的习惯和健康的生活方式，提高自身的身体素质。

二、现状分析

"体育教学模式是在一定的体育教学理论和体育教学思想指导下，根据一定的体育教学规律，为完成教学目标而建立起的与体育教学内容、体育教学方法、体育教学组织形式和体育教学评价相联系的具有一定代表性和相对固定的教学方法体系。"

当前我国多数高校的体育教学实行的是大一、大二两年必修的选项课教学模式。该模式有许多优点，但也存在以下两点不足：一是大学4年只有前两年有体育教学，后两年没有体育教学，这种模式容易导致大三、大四学生因没有体育课锻炼而使身体素质下降和已经掌握的运动技能消退。2017年与2014年全国19岁青少年身体素质均值相比较，男生的下肢爆发力、耐力以及女生的心肺功能、耐力两项素质均呈下降趋势。二是缺乏一种大学期间连续性促进学生课内外参与体育活动的机制：体育锻炼能力是在不断地参加体育活动中形成、巩固和提高的。课外体育锻炼是课堂体育教学的延续和补充，可以巩固和提高体育教学所学的内容，是培养学生兴趣爱好，提高学生锻炼能力和养成终身体育锻炼习惯的重要措施。因此，为了提高学生身体素质，促使大学生养成经常参加体育锻炼的习惯，树立终身体育的意识，掌握可进行自主锻炼的运动项目和健身技能，本文提出了对当前的大学体育教学模式进行改革的设想，希望建立一种贯穿大学4年、体育锻炼课内外一体化的新的大学体育教学模式。

三、改革模式

（一）改革设想拟解决的关键问题

1. 改革内容

教师根据《全国普通高等学校体育课程教学指导纲要》的要求，将大学本科两年制体育课程改革成4年制体育课程，使体育课贯穿整个大学生活。

2. 改革目标

两个阶段的体育教学模式目标是在培养大学生应用体育与健康的核心知识，解决自身体育锻炼能力的基础上，明确体育对人的发展的价值，有规划、有策略地弥补和提高体能水平，形成良好的身体资产；能够在自己喜欢的运动中表现出最好水平，并会评价规划和改进运动水平；在学习和比赛中善于理性应对挑战，鉴赏和尊重对手的表现，具有安全防范意识和避免危险的能力，具有通过体育改善健康和适应环境的能力；在形成运动习惯和健康生活方式的同时，提高自身的身体素质。

3. 整合化教学内容

按照体育课程目标，整合体育课堂教学内容：学用相结合（与生活结合、与比赛结合）；知识与能力培养相结合；技能与体能相结合；教书与育人相结合。在课堂教学内容练习的过程中，在保障动作安全的前提下，执行动作中追求达成动作目标的更大确定性、动作过程中更少的能量消耗、更短的动作时间。围绕中、高级动作发展、动作学习与控制的动作任务需求，通过感知觉统合动作控制训练获得多样化的动作体验，进一步完善动作程序和优化动作模式。提高学生"身心合一"进行练习和科学锻炼，以及分析问题解决问题的能力。

4. 信息化教学方法

大学体育教学的重点是让学生学会应用课程学习的内容。教学方法趋向自主化，需要有打破学校边界、教室边界、教材边界和课堂边界的新型教学方法。在信息化时代，教学方法需呈现前沿性和时代性。翻转课堂的信息化环境和教学资源管理平台以及由教师创设教学情境，以项目来培养学生的创新精神和实践能力的"项目式教学"等方法也可用于现阶段的大学体育课程。将教师讲授的课程内容，如每节课学习的要点、难点以视频的形式呈现，将老师的教学放在课外时间，学生课前先学习。课堂上以分组讨论、练习等为主，课堂时间更多地利用在学生练习运动技能、解决问题上。

5. 多元化组织模式

根据不同年级的教学内容与教学目标，采用多元化的教学组织模式，严格执行多元化体育方针，开展丰富多彩的体育活动，争取做到4年体育锻炼不间断，从根本上提升大学生的身体素质。每个阶段的课程环环相扣。

大学一年级的普修基础体育课：针对学生不喜欢体育课的现状，采用依据体验运动乐趣的规律而设计的目标学习型教学组织形式。"目标学习型模式的主要特点是让学生很好地掌握身体锻炼和运动技能的同时，能够体验到学习和运动的乐趣，从而为形成学生终身参与体育实践服务"。

大学二、三年级的选项体育课：不采用班级教学形式，采用学生根据自己的爱好、兴趣和特长，自主选择课程内容的俱乐部型的教学组织形式。提高学生在校期间的身体素质，让学生掌握终身健身的方法与技能，达到终身锻炼并受益的目的。

大学四年级的选项体育课：根据教学目标和课程教学特点，选择以赛促教型教学组织形式，它是通常意义上的课程教学的一种"延伸"。这个组织形式的关键点是搭建一个体育课程项目的赛事平台，学生通过参与赛事，来满足展现自我、实现自我、张扬个性的需求。

6. 一体化教学评价

评价学生体育学习较适宜的五个方面为体育认知水平、体育学习态度、情感表现与合作精神、运动技术技能、体能。将教学评价的形式——教师评价、学生自我评价、学生之间相互评价一体化结合，体现学生在教学过程中的主体地位。

（二）实施方法、计划、方案（含年度进展情况）

1. 实施方法

大学一年级实行普修基础体育课教学，使学生获得运动项目的基本理论知识及技术技能，为体育俱乐部学习打下基础。体育基础课教学由学校安排固定的上课单元，采用选项课班级授课模式。大学二、三、四年级实行体育俱乐部教学。学生在大学二、三年级必须每年选择一个体育俱乐部并参加俱乐部的教学、活动，两年可以选择同一俱乐部，但同一年不得选择不同俱乐部。每位学生每学期完成俱乐部安排的活动任务并考核合格方可获得学分。大学四年级第一学期课程为毕业生校内运动技能等级认证，通过认证的会员学校颁发校内运动技能等级证书，用以证明学生的运动能力和水平。

2. 实施计划（如表1所示）

表1　大学体育教学课程的安排设想

课程类别	年级（学期）	学分	学时	备注
体育基础课教学	大一（第一学期）	1.0	32	必修
	大一（第二学期）	1.0	32	必修

续表

课程类别	年级（学期）	学分	学时	备注
体育俱乐部教学	大二（第一学期）	0.5	16	必修
	大二（第二学期）	0.5	16	必修
	大三（第一学期）	0.5	16	必修
	大三（第二学期）	0.5	16	必修
	大四（第一学期）		16	校内运动技能等级认证，选修
合计		4.0	144	

3. 实施方案

大学一年级的必修基础体育课以获得运动项目的基本理论知识及技术技能为主，身体素质达标测试项目为辅，课程内容与身体素质达标测试项目相结合进行教学。和传统体育课形式一样，每周一次体育课，每次课2学时，一学期1学分。

大学二、三年级实行必修的俱乐部教学。俱乐部教学课程时间有一个调整，每两周上一次课，每次课2个学时，一学期0.5学分。上课周以参加俱乐部的教学、活动为主，间隔周以学生巩固学习内容、自行锻炼的课外体育活动为主。此教学形式贯穿大学二年级、三年级，以培养学生形成自主参与运动的习惯为目的。让学生在坚持锻炼的同时，尝试保持并提高自身的身体素质水平，并为终身体育锻炼打下良好的基础。

大学四年级第一学期的体育课程为毕业生校内运动技能等级认证的选修课。课程共16学时8次课，主要集中在第一学期前半学期8周完成。学生通过继续选修俱乐部课程，进行运动技能等级认证考核。获得运动技能等级证书的学生，可与奖学金、先进评优等评比项目加分关联。

四、创新点与结论

（一）以促进学生体质健康为目标，深化体育教学改革

以《国家学生体质健康标准》测试数据为客观依据，以学校体育教学为载体，研究面向促进体质健康与提高技能的个性化体育教学模式，使学校体育充分发挥其在促进学生体质健康方面的作用，为提高大学生的体质健康水平添砖加瓦。

（二）以掌握技能和增强体质为载体，培养学生终身体育的思想意识

个性化体质健康促进计划，涵盖体育与健康、科学锻炼方法等基础知识，要求学生在课内和课外分别实施个性化的选项教学计划和运动处方，不仅能树立学生的终身体育观念，而且能培养其终身体育能力，并帮助他们养成体育锻炼的习惯。

(三) 以高校体育为起点，拓宽促进体质健康计划的推广范围

本设想的预期成果能保障促进大学生身体素质计划的科学性和有效性，并尝试在高校中推广，从而应用于影响更为深远、意义更为重要的终身体育计划中，为能提高大学生身体素质的水平服务。

参考文献：

[1] 朱剑娴. 生态视野下高校体育教学模式研究［D］. 长沙：湖南农业大学，2015.
[2] 贾志亮. 广州市普通高校学生身体素质现状及对策研究［J］. 广州体育学院学报，2017（5）：20–23.
[3] 赵日萍. 论终身体育教育思想与高校体育教学改革［J］. 承德职业学院学报，2017（1）：23–25.
[4] 于学东. 多元背景下高校大学生身体素质提升策略研究［J］. 当代体育科技，2016（6）：88–89.
[5] 邱建钢. 普通高校体育艺术类课程体系构建与实施：基于四川省的实证调研［D］. 成都：西南交通大学，2009.

"互联网+"背景下数字媒体艺术实践教学模式探索

孔紫菲

摘要：随着科学技术的飞速发展,以计算机和互联网为代表的信息科技给人类生活带来了巨大变化。"互联网+"时代的到来,必将对应用型本科人才培养提出新的要求。本文以广东东软学院数字媒体艺术专业为例,针对其实践教学模式的不足,提出应结合"互联网+"和信息技术来加强实践教学模式的改革与创新。这对人才输出、教师培养以及校企合作等都具有深远意义。在此基础上,本文还提供了创新实践教学模式的若干对策,以期使数字媒体艺术专业的教学体系获得更大的成果,更具创新性的发展规划,进而持续提高数字媒体艺术专业的教学质量。

关键词："互联网+";数字媒体艺术;实践教学。

作者简介：孔紫菲,硕士,讲师,主要研究方向为文化传播、课程改革实践。

伴随着科学技术的飞速发展,以计算机和互联网为代表的信息科技给人类生活带来了巨大变化。移动互联网及数字媒体产业的快速发展,特别是智能手机的普及、物联网技术的兴起、VR(虚拟现实)/AR(增强现实)技术的运用以及AI(人工智能)的出现,改变了人类获取信息、汲取知识的方式,数字媒体已经渗透到包括社会公共事务、文化娱乐产业、教育培训行业等在内的各行各业。从App应用到游戏娱乐,从界面设计到数字影音,从电子商务到社交媒体移动应用,尤其是智能手机、可穿戴设备VR/AR、智慧城市正快速地改变着人们的生活,越来越多的数字媒体承载着未来无限的可能,也提出了快速增长数字媒体艺术相关人才的需求。因此,以发展的目光看待数字媒体艺术专业教育模式的研究与探索尤为重要。

一、引言："互联网+"教育的普及与意义

2015年7月,国务院正式颁布《国务院关于积极推进"互联网+"行动的指导意见》,并指出"互联网+"是把互联网的创新成果与经济社会各领域深度融合,推动技术进步、效率提升和组织变革,提升实体经济创新力和生产力,形成更广泛的以互联网为基础设施和创新要素的经济社会发展新形态,以此倡导社会各个行业深化与互联网技术发展的高度融合。"互联网+"代表着新的发展理念,通俗的理解就是

"互联网+各个传统行业"，但又并非简单的相加，而是结合信息科学技术与互联网技术的优势，寻求新的发展动力，创造新的发展生态。因此，在"互联网+"时代，传统的教育信息化势必面临着改革，"互联网+教育"的模式是教育信息化未来发展的主要形式。"互联网+教育"是以教育大数据为依托，实现教育资源的优化配置，变革教育教学方式，丰富学科课程内容，提升教育服务质量。高等院校是培育社会人才和国家栋梁的重要场所，应借力互联网技术，打破传统思维，敢于挑战与创新，探索出适应时代发展的教学新方法、新手段和新模式。在此大环境下，数字媒体艺术专业的实践教学模式应积极寻找适应"互联网+"背景的教学方式，探索如何让现代信息科技深入整合到整个实践教学环节中，以便有效地提高教学效率。

二、数字媒体艺术专业实践教学模式现状分析

（一）本校数字媒体艺术专业建设背景

广东东软学院数字媒体艺术专业成立于2016年，是在计算机多媒体技术专业（包括"网络与影视技术"和"新媒体艺术"两大专业方向）的基础上发展而来的，归属于数字媒体与设计学院。数字媒体与设计学院拥有视觉传达设计、动画、数字媒体技术、环境设计和工业造型设计等多个专业，其中视觉传达设计专业、动画专业、数字媒体技术专业在专业设置、课程体系上都涵盖了数字媒体艺术专业在美术学、设计学、影视学、计算机应用技术学上的学科基础，依托这3个专业的办学经验与师资力量，在平面、三维动画、计算机交互设计创作方面都能够给数字媒体艺术专业提供极丰富的共享资源。

根据教育部对高校应用型人才培养的目标要求，数字媒体艺术专业教学设计应遵循"厚基础、宽口径、强实践、求创新"原则，在强调学生应掌握本专业扎实的基础理论、专业知识和专业技能的前提下，注重提高学生思维能力和知识运用能力，使学生富有国际视野、实践能力、创新精神，具有较强就业竞争力和可持续发展能力。广东东软学院数字媒体艺术专业的办学思想是"培养应用型人才，服务地方区域经济发展"，依托广东东软学院IT专业背景，推行"跨学科、强融合、重实践"的课程教学理念，旨在培养具备良好的科技素质和艺术修养、既懂技术又懂艺术、能利用数字媒体工具进行设计与创作的复合型应用人才，因此，实践教学板块尤为重要。

（二）实践教学体系现状与不足

1. 实践教学体系现状

广东东软学院数字媒体艺术专业实践教学体系现状如图1所示，主要由课程实践、认知实践、专业实习、集中实践、创新创业项目、毕业创作（设计）、其他实践七大部分组成，每部分各有侧重点与实践特色，形成教学重点突出的实践教学体系链。

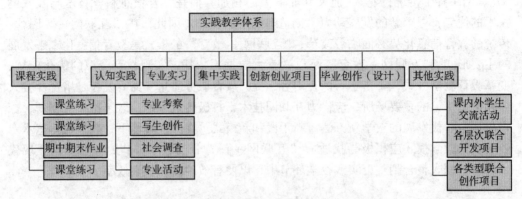

图1　广东东软学院数字媒体艺术专业实践教学体系

2. 实践教学体系不足

（1）实践内容多由任课老师根据自身特长或教学情况自行安排，因此存在实践环节教学随意性强的问题。此外，任课老师的实践教学目标、教学效果也没有统一的评价标准。

（2）在随堂实践、课外实践、实验室教学、集中性实践、毕业论文、毕业实习、寒暑假实践等重点实践改革的内容中，应有哪些实践环节，内容如何安排，也没有明确的设置。

（3）如何平衡理论和实践之间的关系，在整个课程设置中所占比例应该如何调配，对于所增加的实践环节在具体实施中所出现的问题应该如何处理，更需要进行专业的考量。

三、创新实践教学模式的意义

（一）实践教学能优化人才培养方案

应用型本科教育模式强调育人过程中的实践教学，其成果也作为衡量人才培养方案是否需要优化的重要标准。通过多种形式的实践教学，我们可以掌握行业发展的动态与趋势，也可以亲身体会企业中各种岗位的职责，从而了解其对专业能力的要求以及市场需求现状，对人才培养方案的优化起到了异常重要的作用。例如，在学生就读大一、大二阶段，开设平面类甚至是二维动画类实践课程，不仅能使理论知识与实践技能互相结合，也能提高学生对后续专业课程学习的积极性，更能为学生尽早参与专业类竞赛做铺垫；而针对大三阶段学生，综合性创作实践课程显然对其创造力的培养更为有效。实践教学能使专业课程的设置与结构群体化、层次化，且针对不同的阶段提出不同的实践任务与能力目标，以期逐步提升学生的知识与技能，也能使课程内容更加接近市场需要。

（二）实践教学能提高教师的创新意识

近几年，随着应用型教育改革的推进，高校专业教师的职责逐步发生了变化，从纯粹的开展教学与科研活动，转变为尝试把实践教学探索也融入常规的教学活动中。然而，高校象牙塔式教学模式容易导致教师与市场隔绝，对行业发展趋势不敏感，造成专业发展瓶颈。因此，高校专业教师要时刻保持创新意识，掌握专业与行业的发展趋势，针对市场规律准确设定学生能力目标。同时，在进行实践性教学时，应着力于给学生提出新颖有效的建议，并引导学生往具有创新性和市场价值的方向完成创作。实践教学项目的开展不仅让学生的创作能力、思考能力、团队合作能力均得到锻炼，也使老师通过实战了解到更为有效的培养学生创新意识和能力的方法，真正地达到教学互长。

（三）实践教学能加强校企合作

实践教学的课题、项目大多来源于合作的企业或政府单位。在真实的项目实战、作品创作中，学生、高校、企业之间需要进行高效的沟通与合作。在此过程中，学生获得市场实践经验，高校提升社会影响力，企业也能够得到更具有创新意识的方案，共同打造多赢的局面。此外，良好的实践教学效果能够强化校企合作的黏度与优先性，后续企业可以在高校建立学生实践基地，为高校学生提供更多的实践机会与实践平台。

四、创新实践教学模式的对策

数字媒体艺术作为一个学科融合性较强的专业，实践教学在整个教学体系中占据了较大的比重。经过不断完善，目前数字媒体艺术专业实践教学形成了较为完整的体系。从学科基础课与专业课两个板块来看，学科基础必修理论与实践课时比例为4∶1，专业必修课理论与实践课时比例为1∶2.2，专业选修课理论与实践课时比例为4.4∶1。此外，我们还有集中实践板块一共520学时，其中包含了3个实践学期。数字媒体艺术专业总体的实践教学环节学时比例为37%。此外，支撑数字媒体艺术专业实践教学的平台有多个专业实验室，目前建设有数字音频录音室、虚拟演播室、摄影摄像实验室、虚拟现实实验室、CG实验室、视觉创意实验室等。同时，学校建立了多个教师工作室、思沃学院作为校内实习实践教学基地，并拥有相对稳定的校外实习实践教学基地。再者，依托学校的实践学期制度，引入校企合作项目以及外部考核机制，对数字媒体艺术专业教师授课效果、学生课程成果进行更加接近市场要求的检验。借鉴其他院校的先进经验，并结合我校实情，我们针对数字媒体艺术专业的实践能力培养有以下具体的对策。

1. 优化数字媒体艺术专业人才培养方案

通过文献查阅，梳理国内外关于实践教学在教师教育改革方面的资料，厘清实践教学改革的基本概念、基本原理和实施策略，在此基础上进一步优化数字媒体艺术专业人才培养方案。

2. 调整数字媒体艺术专业课程结构

在教学内容设置上，应注重应用性，强调理论与实践相结合，注重教学过程的实践性，引入真实项目来强化教学过程的应用性内涵，以项目化作业的方式强化教学效果，强调以"探究"为特征的教学策略与方法。尤其在一些含有实践课时的主干课程，可设定一些综合创作类作业。这样的项目化实践模式有利于强化学生的应用能力与创新能力，无论是以个人还是团队形式，在完成项目的过程中，学生都可以根据自己的个性爱好和发展愿景选择更具体的专业方向，此举一方面体现了创作成员不同的专业强项，另一方面也提高了自身创作的综合素质。

3. 改革数字媒体艺术专业教学方式

实践教学改革要求教学方式充分发挥学生的主体性，鼓励模拟项目、案例教学、互动授课、翻转课堂，甚至是现场教学，将具有丰富教学实践经验的专家等请进课堂，对理论与实践紧密联系的课程，采取专家与大学教师联合授课方式，将理论教学与实践教学高度结合。

4. 创新数字媒体艺术专业实践模式

广东东软学院是一所以应用型人才培养为目标的学校，采用"1321"模式，即一年有两个常规理论学期和一个集中实践学期，在实践学期进行项目实战，对学生的实践能力、创作能力和项目管理能力均进行有效的培养。根据数字媒体艺术专业的人才培养计划，我们为不同年级的学生设置了不同的实践项目，在实践项目中贯穿"项目驱动，团队合作，各骋所长"的教学理念，尽量让每个学生在团队中找到自己的定位，发挥自己的特长，培养团队意识，为以后的就业打下基础。

5. 重塑数字媒体艺术专业教学评价体系

传统的教学评价体系主要以终结性评价方式为主，将考试、考察等方式作为唯一的成绩认定，并以成绩的高低来评价学生的学习效果，且在这个过程中主要以任课教师的意志为主。数字媒体艺术专业一贯实施的评价体系是：考勤成绩10% + 平时成绩30% + 期末成绩60% = 课程成绩。这种评价方式虽易于量化，却阻碍了学生的发展。基于实践教学改革思维下的教学评价体系将采用过程性评价为主的评价方式，主要通过评价标准、观察表格、问卷来实现，评价内容涵盖专业信念、专业知识、专业能力等方面，评价方式包括自评（学生完成）和他评（校内导师和校外导师完成），以期对学生的学习效果、教师的教学效果进行持续性评价。

五、结语

"互联网+"理念、信息技术等在高校日常教学上的应用已日趋广泛，其强大的存储性与便捷性为高校教师带来了较大的发展空间，同时更为教学改革注入了新能量，使高校专业教学进入了里程碑式的发展新道路。在数字媒体艺术专业实践教学模式探索过程中，笔者也尝试对现有的教学模式进行深入反思，尤其是基于"互联网+"的理念，试图使实践教学体系获得更大的成果，具备更充足的后续发展动力，因此，提出更具创新性的发展规划，进而持续提高数字媒体艺术专业的教学质量。

参考文献：

［1］张姮."互联网+"背景下高校数字媒体艺术人才培养实践：以浙江理工大学为例［J］. 创意设计源，2017（6）：67－72.

［2］国务院. 国务院关于积极推进"互联网+"行动的指导意见［OL］.（2015－07－04）. http://www.gov.cn/zhengce/content/2015－07/04/content_10002.htm.

［3］杨艳春."互联网+"时代移动微型学习在大学英语教学中的应用［J］. 高教学刊，2016（6）：117－118.

［4］钟群. 新时代诉求："互联网+"与美育的深度融合［J］. 现代教育，2019（8）：60－62.

［5］王东. 数字媒体艺术专业人才培养体系构建研究［J］. 艺术科技，2016（7）：25－26.

新形势下对接企业需求的商务英语教学路径探讨

赖燕容

摘要：在"一带一路"倡议及大湾区新形势下，对为企业服务，为社会创造经济价值的国际性商务英语专业人才的需求更为迫切。文章从三个方面探讨商务英语教学路径：①企业需求指引教学内容；②模块化教学指导教学方式；③商务活动档案协助学生掌握运用所需知识能力。通过以上多方面的有效结合促进产学合作，培养具备专业能力的商务英语专业人才。

关键词：新形势；商务英语教学路径；企业需求；教学方式；商务活动档案。

作者简介：赖燕容，讲师，目前从事本科商务英语教学，研究方向为英语教学、英语应用语言学。

一、背景

改革开放以来，中国经济和世界经济高度关联。中国将一以贯之地坚持对外开放的基本国策，构建全方位开放新格局，深度融入世界经济体系。习近平总书记在党的十九大报告中指出："要以'一带一路'建设为重点，坚持引进来和走出去并重，遵循共商共建共享原则，加强创新能力开放合作，形成陆海内外联动、东西双向互济的开放格局。"当前，大力推进"一带一路"建设与加快自贸区的建设是我国全方位对外开放格局的重要内容。另外，《粤港澳大湾区发展规划纲要》于2019年2月正式公布，充分说明在未来的国际性及区域性经济文化交流合作中，我国将需要更多具有国际视野的高素质人才。本文的主要目的为探讨如何对接企业需求，应对新时期经济发展的挑战，切合当今经济文化交流发展趋势，将学生培养成为企业服务，为社会创造经济价值的国际性商务英语专业人才。

二、商务英语教学路径探讨

人才是经济发展的重点。面对经济发展，我们需要培养更多社会所需的、对社会有贡献的商务英语专业人才，以促进各地区经济文化上的交流，增加"校企学"（学校、企业、学生）对接，发挥高等教育的职能。

《高等学校商务英语专业本科教学质量国家标准》清晰定义和概括出商务英语专业本科人才应培养的五种素质、五类知识和五种能力，具体如下：①五种素质，商务英语专业素质要求包括思想素质、专业素质、职业素质、文化素质和身心素质。具体而言，商务英语本科专业学生应具有高尚品德、人文与科学素养、国际视野、社会责任感、敬业与合作精神、创新创业精神和健康的身心。②五类知识，商务英语本科专业学生应掌握语言知识、商务知识、跨文化知识、人文社科知识和跨学科知识。③五种能力，商务英语本科专业学生应具备英语应用能力、跨文化交际能力、商务实践能力、思辨与创新能力和自主学习能力。

基于以上国家对商务英语本科生的培养目标，紧跟当今经济发展新趋势，本文首先阐述企业对商务英语人才的需求及岗位能力要求，然后探讨促进商务英语人才培养的教学模式，最后提出如何提高商务英语专业学生对专业知识能力的方法，以实现提高人才培养质量的目的。

（一）了解企业及商务英语毕业生对相关岗位的需求，获取商务英语人才所需的知识能力信息

当前很多高校设置了商务英语专业，商务英语属于专门用途英语（English for specific purposes，ESP）范畴，遵循"以就业为导向"的人才培养目标。虽然总体培养目标统一，但各高校的办学条件、师资力量、经济实力等有所不同，因此，各高校应结合自身实际条件，采用不同的课程设置及教学模式。商务英语专业人才的培养目标在于回归实践并指导实践，是对理论知识实用性的延伸。而企业是实践地，也是经济发展的风向标，所以调查企业对相关岗位的要求以及访谈商务英语专业毕业生对所在岗位的技能需求至关重要。

莫利娜、冯敏贤使用问卷及访谈方式进行针对商务英语专业人才的社会（用人单位）需求和个人（商务英语专业毕业生）需求调研分析。其结果显示：①目前企业对商务英语专业人才需求量大，为毕业生提供的主要工作岗位包括跨境电商采购岗位、传统外贸业业务员岗位、国内电商销售岗位以及国内传统行业销售岗位。②用人单位比较重视商务英语专业人才的英语应用能力、跨文化沟通能力和自主学习能力。③相关工作岗位的商务英语专业毕业生认为英语语言能力（英语会话、写作、阅读）是基础，工作中使用频率最高的技能包括英语语言技能、涉外商务信函撰写技能、销售技能、客户关系维护能力、办公室行政事务处理技能、团队合作（管理）能力。

（二）基于需求分析，借助模块化教学模式，为商务英语专业课程授课教师提供教学设计（内容）参考

周燕萍认为高校商务英语专业教师大致可划分成两类。第一类是未系统接受过商

务方面的专业培训，其商务专业知识十分有限的教师。虽然他们具备了一定的英语语言功底及文化素养，但尚缺乏国际商务与国际文化方面的知识。第二类是从经济系或企业引进的教师。这些教师的英语应用能力与教学能力都比较欠缺。没有商务背景的教师通常按照教材内容（如难易程度）设置讲授语言知识点或以应试（如参加剑桥商务英语证书考试）为目的对学生进行语言知识教学及应试技巧培训，而无法讲授与语言相关的商务技能，缺乏与实际工作场景需求的对接。有商务背景的教师虽有商务知识能力上的优势，但依靠个人或单门课程并不足以将商务知识系统化地传授给学生。因此，商务英语的教学处于传统的单一语言技能课程与市场需求脱节的困境中，而根据需求分析设置的模块化教学内容将能有效地帮助商务英语专业教师摆脱这一困境。

能力本位教育（competency based education，CBE）模块化教学主要以加拿大、美国等为代表，是以知行能力为依据确定模块，以从事某种职业应当具备的认知能力和活动能力（可称之为"能力模块"）为主线，制定能力模块并以此开展的教学模式。模块化教学打破了仅依靠教材章节内容进行授课的现状，鼓励任课教师摆脱对教材内容的过度依赖，根据实际需要更加灵活地安排并重组授课内容。在讲授课程时，教师的首要任务就是先确定好学生最终须掌握的能力。

模块化教学能有效地为商务英语专业授课教师提供教学设计（内容）指引及参考。进行需求分析后，将需求内容分类归纳至不同能力模块，教师可对应所设模块内容，结合授课课程对学生进行有针对性的与企业对接并符合个人工作需求的知识和能力强化训练。不同课程中模块下所包含的内容及流程可以重复，其具体内容有所区别。沈其亮提出，商务英语专业的教学模块可划分知识教学模块、情境教学模块、交际教学模块、函电教学模块，且不同的教学模块可采用不同的教学方式。如交际教学模块及函电教学模块均可含公司介绍内容，商务英语视听说课程可采取由学生小组合作制作PPT并口头介绍公司的教学方式，剑桥商务英语课程则可采取学生个人撰写书面版的公司介绍文档的教学方式，如表1所示。

表1 商务英语人才能力模块（示例）

能力需求	能力需求具体描述	教学模块	对应课程
英语语言能力	公司简介	函电教学	剑桥商务英语 商务英语视听说
……	……	……	……

（三）建立商务活动电子档案，培养学生学习的自觉性，帮助他们更好地掌握运用所需知识能力

没有商务工作经验的学生在商务英语学习时的一大阻碍是无法将语言知识与商务

情景有效结合。他们掌握了相当多的英语知识（包括词汇、句型等），但当身处真实的商务环境时，却无法恰当地运用所学知识。部分毕业生反映自己在从事外贸相关工作时，无法将课本上所教授的知识与真实的工作任务联系起来。比如，有毕业生参加工作后向教师询问参加"佛山陶博会"时公司宣传手册上的公司简介的写法，或咨询如何给客户回复询价邮件。此类相关知识在学生参加的不同课程中都有传授，这充分地反映出学生无法将所学知识与工作有效结合。学习者个人渴望将理论快速转化为实践，实现自身价值的需求，有时结果却不尽如人意。

商务英语是应用型专业，其核心设计为"语言能力＋商务知识＋综合技能"，是以实现意义学习为目的的课程。而意义学习将会增强学生的学习动机，使他们明确学习目标、提高学习效率。学生在学习时目的不清晰，被动跟随教学，没有"实用性"体验，是导致他们对所学知识无法消化并未能与毕业后从事的岗位需求结合的主要原因。结合模块化教学，要求学生在学习过程中建立一个商务活动电子档案，可以帮助解决这一问题。可以把商务活动电子档案想象成一本产品使用手册，里面包括学生在各专业课程学习中所学习及练习过的不同模块的商务活动记录，里面包括个人职业介绍、产品介绍、公司简介、公司介绍（PPT制作记录、口语演示录音、文稿记录）等内容。假设在工作场景中，学生需要写一篇用于展会产品目录首页的公司简介，翻阅商务活动电子档案至对应内容便能得到写作指引。如此一来，商务活动电子档案既可以帮助学生梳理消化所学内容，又可以作为学生在实际工作中的参考资料。更重要的是，这有助于学生将所学知识与毕业后所从事的工作场景结合，增强他们对所学知识的"实用性"感受，提升他们的就业信心，如表2所示。

表2　商务活动电子档案（示例）

内　　容	课程及单元	项目形式	页码
公司简介	剑桥商务英语 Module 4.1	写作	1
……	……	……	……

三、讨论与结论

新的经济政策下，国家正在构建一个开放的世界性经济，营商环境发生了变化。人才培养既要秉承已有的良好基础，也要结合新的经济变化进行内容的更替，培养出基础知识牢固、引领新时代的复合型应用人才。与企业的直接有效沟通能让学校从根本上了解社会对商务英语专业人才的需求，培养能为企业所用的优秀商务英语人才。

基于需求的模块化教学能为商务英语教学提供有效的参考及指引，使得教师能够进行有针对性的教学，培养对接企业需求的人才。同时，亦能提高教师的教学能力。但教学模式改革不能一蹴而就。针对商务英语教学现状，可进行分步阶段式的改革。在完全地使用模块化教学前，各任课教师可根据所教课程，对应模块内容，对学生进行碎片式的相应知识和能力训练。

商务活动电子档案的建立能增强学生的学习目的性，提高他们面临就业时的自信心。同时，模拟商务活动电子档案可作为学生实际工作时的参考资料，举一反三地应用于工作场景，更好地进入工作角色，为企业服务。

总而言之，要培养出优秀的商务英语人才，需要学校、企业、学生三者的有效结合。学校需面向社会需求，设置合理有效的课程。教师需面向企业需求，有的放矢地进行教学，强化训练学生未来职业所需的知识及能力。学生需明确专业学习目标，有针对性地加强与职业相关的知识及技能训练。只有在这三者有效结合的前提下，商务英语专业人才的培养才能取得成果。

参考文献：

［1］王立非，叶兴国，严明，等．商务英语专业本科教学质量国家标准要点解读［J］．外语教学与研究，2015，47（2）：297－302．

［2］尹玉凤，解华．"一带一路"背景下商务英语专业人才培养模式研究［J］．医学教育研究与实践，2019，27（1）：23－26．

［3］莫利娜．基于珠三角地区外向型经济需求的商务英语人才培养研究［J］．成都师范学院学报，2017，33（12）：90－94．

［4］冯敏贤．基于ESP需求分析实证研究的高职高专《商务英语》课程模块化设计：以广东轻工职业技术学院为例［J］．武汉职业技术学院学报，2018，17（2）：26－30．

［5］周燕萍．"一带一路"背景下民办高校国际型商务英语人才培养的对策研究［J］．教育教学论坛，2018（51）：36－37．

［6］沈其亮．混合教学模式下的商务英语模块化教学研究［J］．太原城市职业技术学院学报，2016（11）：141－142．

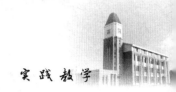

本科毕业论文质量探析

李 骋

摘要：大学生毕业论文质量在内容、格式等方面存在诸多问题。如何提高本科毕业论文质量，需学生自身、指导教师和学校多方合力。本文试图在本科毕业论文质量的提高上提些建议。

关键词：毕业论文；质量；对策。

作者简介：李骋，江西抚州人，教育硕士，研究方向为语文教育。广东东软学院学报编辑部专任编辑。

本科毕业论文撰写是学校整个教学工作中极其重要的环节和阶段。《广东东软学院学报》2018年第一期设立了《大学生论坛》栏目，主要是征集本校大学生优秀毕业论文。2019年本校学报正在开展本年度优秀毕业论文征集、编辑工作。几次近距离接触毕业生论文写作的工作实际，参照部分高校毕业论文的写作现状，本人拟对本科毕业论文存在的问题和影响论文质量提高的因素进行分析，并提出相应的对策。

一、本科毕业论文存在的问题

（一）基于论文内容

本科毕业论文的写作步骤，是基于科学选题、资料收集、论文提纲拟定、正式写作这几个方面展开的。本科毕业论文质量欠佳，在以下几个方面都存在一定的问题。

1. 毕业论文选题缺乏针对性

选题是写好论文的关键。本科大学生在选题上很容易出现"太大""太小""太老""太空"的问题。"太大"是指论题特别宽泛，没有研究的重点；"太小"是指论题太狭隘，没有延伸性；"太老"是指有些选题陈旧，明显滞后于当下研究水平；"太空"是指有些选题与本人实际研究能力相距甚远，在现有研究条件或规定时间内根本无力完成。

2. 资料收集不充分

我们知道，撰写论文是先打基础再搞科研的过程。很多学生没有充分重视资料收集的重要性，或没有处理好收集到的资料，导致论文价值不高，出现诸如论述的内容创新性不够,研究的东西不深入等问题。资料收集虽然费工夫,但舍得这样的投入,后期论文出成果的机会和可能性就更大。

3. 论文具体写作的问题

每个论文作者有自己的核心观点,在这里我们不从具体内容上分析。本科毕业论文写作的问题主要是指:第一,论文提纲不拟定或者拟得不合适。有些学生不愿意写提纲而选择直接撰写初稿。如果没有构思好全文的提纲,全文的论点、论据、论证步骤就很容易出现混乱。第二,论文正文或部分内容出现教科书式的撰写方法。比如对已有的知识进行重复描述、缺乏创新点等。第三,部分学生的专业性差,没有体现作为毕业生该有的专业素质,具体表现在重要的专业词汇表达不出来,对专业理论的丰富和发展不够。

(二) 基于论文格式

本科毕业论文在格式上的问题,除了"缺斤少两",即缺少前置、主体、附录这3个论文基本要素的一些成分,更多问题出现在论文写作规范上,以下就问题较多的摘要、参考文献简单说明。

1. 摘要

摘要是读者获得论文必要信息的最快途径。基本要素应包含目的、方法、结果。而本科毕业论文在摘要中常常出现这几个错误:第一,把已经成为常识的内容写在摘要里;第二,简单复述文章篇名或正文的信息;第三,容易出现空洞的评语和模棱两可的结论;第四,出现图、表、数学公式等。

2. 参考文献

据最新的《文后参考文献著录规则》(GB/T 7714—2015)的定义,参考文献指"为撰写或编辑论文和著作而引用的有关文献信息资源"。有些本科毕业论文的参考文献,除了犯不标注参考文献的大忌外,最重要的问题是参考了没有必要的、陈旧的、不权威的参考文献。这样的参考文献,即使标注了,对论文质量的提高价值也不大。

二、影响本科毕业论文质量提高的因素解析

(一) 基于学生本人分析原因

1. 投入有限、重视不够

毕业论文答辩时间大部分在大四下学期,各种招聘信息、实习纷至沓来。多数学生投入毕业论文的时间、精力有限,还有一部分学生在此期间为研究生复试做准备。

我们知道,本科毕业论文是对学生本科4年教育的大总结,完成毕业论文在某种程度上被认为是真正的"考试",是真正检测学有所得、学有所成的一件大事。而实际上,"完成最后一项任务""能过即可"被很多本科毕业生挂在嘴边。这种种因素

导致论文质量无法保证。

2. 学生对毕业论文的写作要领认识不足

（1）对写作步骤认识不足。科学选题、资料收集、论文提纲拟定、正式写作这几个方面是撰写一篇论文的基本步骤，但有些学生对科学选题、资料收集、论文提纲拟定重视度不够，忽略其中一项或几项，导致后面的写作不畅或论文质量不高。

（2）数据处理能力不足。很多专业的毕业论文有大量客观、实用的数据，如何用好、用对数据很重要。以我校计算机相关专业为例，不少同学有大量的试验研究。但因数据整理方面的基础工作与撰写毕业论文的要求有差距，出现面对实验结束后的一堆数据不知怎样处理、不知怎样进行分析总结等问题。这样，有试验研究的论文，如此宝贵的数据价值得不到充分体现。

（二）基于指导教师分析原因

1. 指导教师积极性不高

很多高校对指导教师指导本科毕业论文的能力和指导质量没有做量化考评，比如，指导毕业论文工作不与教师津贴相关，指导毕业论文的质量好坏不与评优、晋级挂钩。不少教师反映，"毕业论文指导是一项吃力不讨好、耗时耗力的工作"。

2. 指导教师心有余而力不足

因人员有限，部分高校毕业论文指导老师严重不足，导致某些指导老师承担的指导任务重、时间紧、数量多。超负荷的指导和高压力，难以保证很好的、有针对性的指导。

（三）基于学校管理分析原因

1. 缺乏论文写作相应课程准备

论文的高质量目标不是一朝一夕就能实现的。大部分本科毕业生真正认真撰写论文是在撰写本科毕业论文期间，由于个人水平和就业、考研等外在因素的存在，很多毕业生并不能在短短的大四学年完成高质量论文。这就要求学校应尽早为毕业论文撰写做相应的准备。

2. 缺乏健全的毕业论文管理机制

本科毕业论文在开题、中期、结课的不同阶段有不同的价值，任何一个阶段对最后高质量论文都产生很大影响。如果缺乏健全、科学、完备的管理机制，就容易出现学生的参与积极性不高、论文质量出现问题约束力不大、论文撰写完毕修改不善等问题。

三、提高本科毕业论文质量的对策

结合本科毕业论文存在的问题，从产生问题的原因着眼，我们拟从以下几个方面讨论解决对策。

（一）学生掌握写作要领

要提高学生论文的质量，除了要重视和规范论文基本格式，更重要的是在论文写作要领上下功夫。

1. 选好题目

以我们学校为例，学校进行毕业论文评定时，大多数情况首先以题名的新颖性和实用性作为选用的标准。"选题决定学术论文的价值和实际效用""选题可以规划文章的方向、角度和规模"，选好题目相当于写好论文的一半。选题要遵循科学的方法。选择本学科亟待解决的课题，选择本学科处于前沿位置的课题，选择具有学科渗透、交叉研究的课题等都是其中的一些方法。

2. 做好资料收集

资料收集必不可少，收集的资料要真实而准确。资料收集有以下具体的方法：①参加有关实验、试验、调查研究，取得的第一手资料；②利用计算机在网络上查阅资料，这些资料可以为科研提供参考；③查看全国新书目并到书店选购有关著作及期刊；④到图书馆检索、查阅、复印或借阅有用的资料等。

3. 重视并拟定提纲

编写提纲是保证一篇文章结构合理、层次清晰的重要步骤之一，提纲很大程度上体现了作者的总体思路，更重要的是避免大返工。初写论文的学生，如果先按思路写出提纲，再请教他人，人家一目了然，可较快提出一些修改补充的意见，自己也可以得到更有效的指导。

（二）指导教师高度重视此项工作

1. 加强选题方面的指导

评定一篇毕业论文好坏，学术价值固然是重要的标准，但不能成为主要标准或唯一标准。是否能将所学知识运用于实际，能否分析或帮助解决现实问题也要作为评判的标准之一。比如，及时向学生介绍一些研究前沿的问题，鼓励他们去研究和探索；另外，平时课堂上存在的未解决、待解决问题，也要千方百计让他们去尝试解决。这样，就能切实体现论文选题灵活性和实践性，为毕业论文的撰写夯实基础。

2. 加强自身指导能力

部分学校出现一个指导老师需要指导很多学生这种情况，我们可以尝试让指导教师鼓励团队合作，即同一指导老师下的学生，根据选题的相似性、相关性，自由搭配、有机合作。每个学生既有各自的研究任务，又可和某人或某几个人成为一个整体，达到资源共享、互相探讨的目的。这样，从传统的"一对一"模式转换成"多对多""多对一"或"一对多"模式，可开阔学生的知识视野，提高研究水平和质量；更能真正解决指导老师超负荷指导的现实问题。

（三）学校多管齐下保质量

1. 提高指导教师素质，发挥指导教师、学生的积极性

除了保证优质的毕业论文指导教师队伍，更重要的是学校要将教师指导本科生毕业论文的能力和指导质量作为评价教师的重要指标，在津贴补助、评优晋级等方面予以倾斜。另外，重视、细化并落实优秀毕业论文评定后的奖励措施，切实提高指导教师和学生参与的积极性和主动性。

2. 提高学生论文写作能力

为提高学生撰写毕业论文的能力，除了开设相应的辅导课程，如不少高校开设了"论文写作指导""文献检索与论文写作"等课程，更重要的是把毕业论文写作渗透到大学学习的点滴中。

（1）举办论文撰写相关讲座。为了让各个年级的学生全面了解论文写作的基本知识，各专业应为学生举办相应讲座；对于毕业生，更需要针对性举办对选题、资料收集、论文写作方法、参考文献的应用、论文的规范性以及答辩等问题答疑解惑的专门讲座。

（2）课程要求。学校可以鼓励每位老师多尝试课程论文的考核。每个学期、部分课程的考核，采取提交课程论文的形式，在大二、大三甚至大一阶段，有针对性地进行论文撰写的指导。相信有了在本科期间反复、多次的论文写作的严格训练，大四毕业生的论文撰写会更得心应手。

3. 加强管理，措施到位

对毕业论文的管理，要根据本校的实际情况和各学科专业的特点进行，制定切实可行的管理措施。第一，明确毕业论文实施的各个阶段教师和学生应该履行的责任及义务，并分阶段进行考核。第二，高校根据自己的学校实际，制定更好、更完善的规范性文件。目前各个高校普遍适用的《本科毕业论文管理细则》和《本科毕业论文成绩评定标准》，这些是很好的规范性文件，切实保证了教师论文指导的质量和学生论文写作的质量。

四、结语

本科毕业论文撰写是本科教育的最后重要教学环节，提高学生完成这项工作的自觉性和教师们对毕业论文指导工作的重视程度，加强对毕业论文管理，切实提高毕业论文撰写和答辩的质量，通过这些努力，能促成学生和学校双赢的局面。于学校而言，毕业论文顺利开展有利于得到高质量论文，达到真正提高学生专业综合素质与能力的培养目的；于学生而言，不仅巩固和加强了自身所学的基础课知识和专业课知识，还得到了创新能力与科研能力等的综合训练，培养了自己独立分析问题和解决问题的能力和认真、严谨、科学、合作的工作作风。

参考文献：

[1] 王瑞生. 毕业论文写作的若干问题及对策 [J]. 辽宁教育行政学院学报，2001 (8)：4-5.

[2] 饶家辉，王宏娟，周虚. 推进本科毕业论文模式改革探析 [J]. 实验室研究与探索，2012 (3).

[3] 刘兴江. 提高本科毕业论文质量的探索与实践 [J]. 辽宁工业大学学报（社会科学版），2010 (4)：126-128.

[4] 赵宏伟. 进一步提高本科毕业论文质量的探讨 [J]. 东北农业大学学报（社会科学版），2009 (3)：5-7.

[5] 李振华. 文献检索与论文写作 [M]. 北京：清华大学出版社，2016.

浅谈新时代独立学院的思想政治理论课的实践教学改革
——以广东东软学院为例

李艳迪　刘旭东

摘要：思想政治理论课的实践教学环节和理论教学环节相辅相成，能够有效引导学生通过实践活动提高自身思想道德素质。因此，开展对实践教学环节的改革尤为必要。本文主要对广东东软学院的思想政治理论课的实践教学改革进行阐释。

关键词：思想政治理论课；实践教学环节；改革。

作者简介：李艳迪，河南信阳人，讲师，硕士，主要从事思想政治教育研究。刘旭东，山东莱州人，副研究员，硕士，主要从事教育管理。

高校思想政治理论课的主要目的是培养大学生树立正确的马克思主义人生观、价值观、世界观，对于促进大学生全面健康成长成才具有重要作用。而实践环节作为思想政治教育课的重要内容，是考量思想政治理论课建设成效的重要标准。实践环节的开展能够引导学生深入社会、提高服务社会的能力，使新时代的学生在服务人民的过程中提高素质，在建设和谐社会的实践中增长才干，在宣传社会主义核心价值观的教育中受到启发，故加强对思想政治理论课的实践教学环节的研究很有必要。因此，笔者以广东东软学院为例，阐释新时代独立学院如何通过思想政治理论课的实践教学改革来提高学生对思想政治理论课的认同度，并且提高思想政治理论课的教学实效性，从而体现思想政治理论课的教学价值和话语权。

一、新时代独立学院的思想政治理论课的实践教学现状

（一）实践教学环节的开出率较低

中共中央高度重视实践教学环节的建设和改革，在《中共中央宣传部教育部关于进一步加强和改进高等学校思想政治理论课的意见》实施方案（以下简称"05方案"）中要求"加强实践教学"。在2017年，中央又提出"强化社会实践育人，提高实践教学比重"，再到2018年，明确规定要从本科的思想政治理论课的现有学分中专

门拿出 2 个学分用于开展实践教学,中共中央通过一系列文件的形式重申了实践教学环节的重要性,从政策层面上已经把实践教学提高到一个比较高的地位。"实践教学与理论教学在思想政治理论课教学中具有同等重要的地位和作用,两者相辅相成、相互促进、相互补充,同时,实践教学还承担着巩固和检验理论教学成果的重任。"

但在实际教学过程中,独立学院面临着思想政治理论课的课堂教学工作量过大,无暇开展实践教学环节的困境。尤其是大部分独立学院因为"05 方案"中对思想政治理论课的学分做了具体要求,却没有对具体学时有明确规定。因此,在实际的教学过程中,均是利用有限的师资力量保证理论课程的开出率,而实践教学环节更多的是通过课堂活动的开展进行的。故实际上思想政治理论课程的实践教学环节的实际开出率较低。

(二)实践教学环节的开出形式较为单一

独立学院的思想政治理论课教师的教学压力过大,教学工作量过多,因此,教师更多地将精力放在了理论课堂的教学环节中,而对实践教学环节的重视程度并不高。因此,即使有个别教师在开展课堂外的实践教学,也是以读书报告、参观爱国主义实践基地等方式开展。但总体来说,这种传统的实践方式基本可以使用在每一门思想政治理论课中,缺乏课程特色和创新。

(三)实践教学环节的考核评价机制较不完善

当前,独立学院在实践教学环节的考核评价上比较薄弱。目前独立学院的思想政治理论课的实践教学环节大部分是依托于理论课程来进行开展的,因此,实践教学环节的考核成绩被纳入思想政治理论课程的总评成绩。这就表示,实践教学环节在课程成绩中所占比例并不大,甚至会出现即使学生不参与实践活动,但只要该课程的其他环节完成度优秀或良好,往往也能够达到期末考核的及格标准的情况。

二、新时代独立学院的思想政治理论课实践教学改革的意义

(一)迎合国家政策方向,满足教育部关于思想政治理论课实践教学环节的学分要求

思想政治理论课的实践教学环节一直以来都是中共中央高度重视的部分,从"05 方案"到教社科 2018 年 1 号方案,通过一系列的文件,明确阐明了高校要高度重视思想政治理论课程的实践教学环节。尤其是在最近的 2018 年的文件中,更是明确规定了高校本科要拿出 2 个学分,专科要拿出 1 个学分专门用于实践教学环节的开展,各高校要将实践教学环节作为思想政治理论课的课堂延展环节,希望通过实践教学环节的开

展，巩固学生在理论课堂的学习效果，从而深化学生对课程教学的重难点问题的理解和把握，同时，也能从侧面了解学生对课堂理论学习的把握程度。因此，独立学院对思想理论课的实践教学环节的研究和探索是响应国家政策方向的正确举措。

（二）开展实践教学环节的改革，能够切实增强思想政治理论课的教育教学效果

通过一系列有现实意义的实践教学内容的安排，使新时代的大学生，尤其是独立学院的大学生主动关注国家层面的社会问题，从而使高校学生面对社会问题或现状能够主动思考，形成自身对问题客观而全面的认识，进而提高自身的思想政治素质，从而树立正确的世界观、人生观和价值观。并且通过各种类型的实践环节的安排，也能够培养当代大学生的分析能力、团队面对复杂问题的严谨的学术精神，甚至通过一系列的交流工作，培养其沟通能力和写作能力等，从而进一步提高学生的综合素质，为其未来踏入社会做好充足的准备。

（三）实践教学环节创新性引入辅导员作为实践指导教师，充实了思想政治理论课的教学队伍

当前，大部分高校的思想政治理论课的师资队伍都是比较缺乏的，这种情况在独立学院更为严重。教育部对高校的思想政治理论课的师资队伍的配置有明确的规定，要求根据高校学生规模按照350：1的比例来设置专职的思想政治理论课教师队伍。而独立学院在满足教育部的这个师资队伍的配置上是有很大难度的，因此，通过实践教学环节的改革，引入学生辅导员作为实践环节的指导教师，可以有效地充实思想政治理论课的师资队伍。"在高校，与思想政治理论课专任教师政治觉悟、专业背景最一致，且又有较为丰富组织和参与社会实践经验的，可能就是辅导员队伍。为此，高校要努力协调各方，形成思想政治教育工作的合力，发挥思想政治理论课教师与辅导员协同育人的作用，构建'专任教师+辅导员结合'思想政治理论课实践教学模式。"并且学生辅导员是与学生群体接触最为密切的一个群体，他们可以根据学生的特点开展有针对性的实践教学环节，从而更好地提高实践教学环节的参与率，提高学生对思想政治理论课的认同度和学生的思想道德素养。

三、新时代独立学院的思想政治理论课实践教学的内容和形式

（一）实践教学的开展应明确职能分工

独立学院的实践教学环节的开展是一个整体性的工作，因此，整体的改革推进需要学院各个管理层面的配合。首先，一般来说，高校的教学管理部门即教务部负有对

实践教学环节的直接管理责任，要负责对实践教学环节的开展进行检查和督导，同时也对思想政治理论课的实践教学文件进行审核。其次，思想政治理论课的实践教学环节的具体组织实施单位，一般都是各课程所属的教研室或思想政治理论课教学部，由思政部或各个课程的教研室负责组织教师对实践教学的具体开展进行组织和落实。再次，由于学生辅导员归属学校的学生工作部统一管理，因此，实践指导教师需要联合学工部门及各个学院共同确定。最后，实践教学环节虽不同于课堂理论环节的开出形式，但同样也需要进行监督和管理，故也需要学校的质量保障部门负责组织督导，学生对实践教学环节进行评价。

（二）实践教学的具体形式

1. 实践教学的具体开展

"思想政治理论课实践教学主要是为了提高学生理论联系实际、解决实际问题的能力，虽不需要像理论教学那样突出学科性、理论的体系性，但仍需要从整体上规划安排，以免活动重复、资源浪费。"因此，需要根据各门思想政治理论课的课程内容来开展。广东东软学院主要通过社会考察、志愿服务、参观访问、电影赏析、读书汇报、红歌汇演、主题辩论、情景剧、微电影等形式开展实践教学。例如，"思想道德修养与法律"课程的教学目的是结合当前社会实际，对大学生当前可能会面临的实际问题给予回答，从而帮助大学生树立社会主义核心价值观，培养其具备良好的思想道德素质和法律素养；因此，可以着重通过开展社会志愿服务、法律讲堂、生活小剧场、辩论赛、微电影等方式来开展实践教学环节；"中国近现代史纲要"课程可以通过开展影视赏析、参观爱国主义教育实践基地、红歌汇演等方式开展实践教学环节，从而培养学生树立正确的历史观；"马克思主义基本原理概论"课程可以通过读书报告、模拟课堂、情景剧的形式开展，从而使学生系统地掌握马克思主义基本原理，学会运用马克思主义的立场、观点和方法观察、分析当代社会实践中出现的新情况、新问题；"毛泽东思想和中国特色社会主义理论体系概论"课程可以通过主题辩论、社会实践调查、街头采访等方式进行实践，从而帮助大学生掌握毛泽东思想和中国特色社会主义理论体系的基本立场、主要理论观点和科学方法，使其成为有理想、有道德、有文化、有纪律的社会主义事业的建设者和接班人。

2. 实践教学的学分分配

根据各门课程的特点，从"思想道德修养与法律基础""中国近现代史纲要""马克思主义基本原理概论"这3门课程中分别拿出0.5个学分专门用于实践教学环节，而从"毛泽东思想和中国特色社会主义理论体系概论"课程中拿出1个学分用于实践教学环节。"形势与政策"课程鉴于每个学期只有8学时的教学时长，故不专门拿出学分进行实践教学，而将其内容融入其他4门课程的实践环节中。

3. 实践教学环节的考核

应为实践教学环节设置专门的实践教学大纲，对实践环节设置严格的考核标准。

但对于广东东软学校来说，如果专门设置思想政治理论课实践课程，对人才培养方案的修改和变动较大，因此，可以在不变动人才培养方案设置的情况下，通过单独安排思想政治理论课的实践环节，将其总评成绩纳入思想政治理论课的总评成绩中。虽然各门课程的比例不同，但可以设置关联条件，即在实践环节成绩不合格的情况下，该实践环节所属的思想政治理论课程也不及格，并不能参加补考，而需要以重修实践环节的方式来完成该门思想政治理论课的学习。

四、新时代独立学院的思想政治理论课实践教学组织保障

（一）实践教学经费的支出保障

思想政治理论课的实践教学的开展，会产生教学工作量、交通、餐饮等方面的开支。因此，实践教学环节的开展必须有学校实践教学经费的支持。教育部在思想政治理论课的专项经费上也明确规定本科院校按照在校生的总数每年每生不低于20元的标准设置思想政治理论课的专项经费。理论上，实践教学环节作为思想政治理论课的课堂延展环节，理应可以使用专项经费进行活动的开展。但实际上，目前大部分独立学院均无法完全保证按照教育部的这个标准进行专项经费的提取，如条件不足的独立学院可以通过课时核算的方式对实践指导教师进行工作量补贴，从而弥补专项经费的不足。

（二）学校各个部门的支持保障

思想政治理论课的教学在立德树人方面具有不可替代的作用，其重要性要引起全校各领导层的统一认识。无论从制度层面上，还是从管理层面上，均应对思想政治理论课教学的改革提供支持和保障。

广东东软学院在对思想政治理论课实践教学的改革上已经探索了一年之久，通过对学生的日常调查可以看出，学生对由辅导员主导的多样化的实践教学的开展具有很高的认同度，也确实通过实践教学环节深化了其对思想政治理论课的认识。

参考文献：

[1] 赵业丽. 高校思想政治理论课实践教学研究综述 [J]. 文教资料，2018 (24)：172 – 173.
[2] 高茂兵. 思想政治理论课教师实践教学能力培养探究 [J]. 教育教学论坛，2019 (21)：17 – 18.
[3] 徐礼云. 高职思想政治理论课实践教学存在的问题及原因分析 [J]. 教育教学论坛，2019 (18)：45 – 46.

日语书写形态的复杂性
对日汉翻译的逻辑影响

王玉峰

摘要：本文以日汉双语期刊《一番日本语》中的一些误译为研究对象，以亚里士多德的形式逻辑为理论框架，通过译例分析说明，受日语特殊书写形态影响，如果翻译时措辞不当，或修饰关系梳理不清，违背了同一律，势必造成译文违背矛盾律。
关键词：书写形态；修饰关系；同一律；矛盾律。
作者简介：王玉峰，河北赤城人，广东东软学院教授。研究方向为英美文学翻译理论与实践。

众所周知，日语的书写形式主要有4种，即平假名、片假名、汉字和罗马字母。本文拟在亚里士多德的形式逻辑框架内探讨片假名和汉字的书写形式所引起的日汉翻译中的误译问题。亚里士多德的形式逻辑包括同一律、矛盾律和排中律，本文着重在相关的同一律、矛盾律中进行探讨。在同一思维过程中，概念要确定，并保持自身的统一，不得变更，这就是同一律。违反同一律要求的逻辑错误包括两类：混淆或偷换概念的错误和转移论题的错误。前者指把两个不同的概念混淆起来，用一个概念代替已经使用的另一个概念；后者指无意地以一个似是而非的论题来代替原论题。矛盾律指在同一思维过程中，关于同一对象的思想必须始终保持一致，不能自相矛盾。

笔者在日汉翻译对比研究中发现，如果在众多释义中选择了不恰当的词义，就会违反同一律，从而导致译文整体逻辑不清，或出现内容颠倒，违反矛盾律。

一、违反同一律导致的误译

（一）形似词引起混淆概念，导致误译

由于日语书写的复杂性，加之日语的暧昧性特点，形式相近的两个词会有截然相反或风马牛不相及的意义。如果我们在做日汉翻译时不注意，就会导致误译。

例一："ほっと[②]"和"ぼーっと[①]"，哪个才是"松了一口气"？
中国の学生はみんな大学三年の時からもうインターンシップと始めて、四年のときにはもうしでに就職先が決まったみたいで、日本の大学生も三年生から説明会

とかにかよって、でも、私はどちらにもはまらなくて、危機感もなくて、ぼーっとしていました。

译文：中国的学生好像从大三就开始实习，大四的时候就已经决定在哪里工作了。而且日本的大学生也是从三年级开始参加就业说明会什么的。可是这两种我都没体验到，没有危机感，松了一口气。（《一番日本语》，2017，11：39-40）

该例见于一篇对一名日本节目主持人的专访。译文中出现的翻译问题有三。首先，对"ぼーっと"一词的理解。该词是副词，意为"ぼんやりとするようす"（发呆、发愣、模糊），用来形容自己作为一名日本学生与中国的学生和日本的其他学生多有不同——当这些学生已在为未来的工作四处奔波时，自己还懵懵懂懂，没有什么危机感。译文中"松了一口气"，令人摸不着头脑，显然与上述状态冲突。这里译者一定是把"ぼーっと"看成司空见惯的"ほっと"了。"ほっと"也是副词，意为"ためいきをつくようす"（叹气貌）。其次，对"もうしで"一词的理解。该词也可写作"申し出"，意为"自分の考えや希望を言って出ること"（申请）。"もうしでに"此处应该译为"如愿以偿"。最后，"みたい"（看上去好像）没有译出来，使得一种可能态经过译者的手变成了必然状态。整句严格来讲，与原文偏离较大。

（二）日语词汇中的汉字引起的逻辑偏差

日语在形成过程中，受到汉语的深刻影响，因此，在如今的日语中，有的词汇直接写作汉语词，有的汉和兼用，有的虽然用片假名写出，但字根是汉语词。这些汉语词虽然写法如前，但经过时代演进，已经与现今的汉语词义大相径庭了。如果用汉语的既有思维去理解，对语境又不十分熟悉，就很可能出现误解。

例二："打つ"就一定是"打"吗？

お百姓さんはニヤリと笑うと、ありったけの声で、「わぁーっ!!」と、さけびました。タヌキはビックリして、のびきった手と足をはなしてしまいました。バランスをくずしたタヌキは地面に落っこくちて、ドッスーん！と、思いっきりお尻を打ちました。そこへお百姓さんがとびかかると、タヌキを縛り上げて言いました…

译文：农夫轻轻一笑，用力喊一声："哇!!"狸吓了一跳，松开了使劲儿伸出的手和脚。失去平衡的狸摔到了地上。啪地使劲打了一下屁股。农夫猛扑过去，绑起狸说道……

这是一篇题为《被人骗的狸》中的一节。"打つ"从汉字看，第一印象应为"用手或东西敲打，使用某物给予强烈的刺激"。如果真是"打了一下屁股"，那是谁打的呢？我们知道，狸自己惊慌跌落，顾不上拍打自己。那么，一定是农夫干的，那么，这就和农夫"猛扑过去"相矛盾了。在字典释义中，"打つ"意为"ほかの物に強く当てる，たたく，ぶつける"，即"撞击，敲打，碰撞"。而且，字典还给出一个与此例十分相近的例子：「すべってこしを打つ」＝"滑倒把腰撞着了"。类此，原文中"思いっきりお尻を打ちました"应该是"狸的屁股重重地摔了一下"。

例三:"立つ"就一定是"站起来"吗?

「何がおかしいんですか。文句を言うならそうしてください」三枝が<u>いきり立った</u>。

译文:"有什么可笑的!如果不喜欢我选的曲子,那就按你们说的定吧。"三枝突然站了起来。

这是一篇题为《法国料理》("フランス料理")的故事中的一个片段。在毕业典礼后的聚餐会上,三枝老师因为在毕业典礼上所选的退场曲受到同事奚落,很不高兴,因而发怒。译者误将"いきり"当作副词"いきなり"(突然),"立つ"当作"站立",于是有了以上翻译。殊不知,"いきり立つ"本身就是一个合成动词,也写作"熱り立つ",意为"愤怒,怒不可遏"。也就是说,原文没有"突然"的意思,因为他早就不高兴了,无所谓"突然";也没有"站起来"的意思,至少作者没有这么交代。

二、混淆论题导致修饰关系错位

由于日语独特的书写方式,初学或不经意时会将原文中的修饰关系进行错误重写,使译文的中心词偏离或截然不同于原文的中心词,即无意中偷换了概念,混淆了话题,造成译文违背矛盾律,违背常识。

例四:什么样的"IT企业"?

最近は、アメリカなどで、<u>社食で豪華なバイキングを提供し、世界的な話題を集めている</u>IT企業がありますよね。

译文:最近几年,在美国等国家,<u>有IT企业因其公司食堂提供豪华自助餐而引发了全球性话题</u>。

我们就文中提到的"IT企业"进行分析。这是一家什么样的企业呢?按译文的逻辑,"因其公司食堂提供豪华自助餐"(社食で豪華なバイキングを提供)而"引发了全球性话题"("世界的な話題を集めている")。从常识来讲,一家IT企业仅因为一项员工食堂改革就能引起世界性关注,似乎是一件不可能的事。从原文的未然形"し"推断,"社食で豪華なバイキングを提供"和"世界的な話題を集めている"是并列的,共同修饰"IT企业",而且从两个修饰语与中心词"IT企业"的相对位置来看,后者更紧密。也就是说,是一些举世瞩目的IT企业开始为员工提供豪华自助餐,而不是因为提供了豪华自助餐而受世人瞩目。

例五:"修禅寺"和"修善寺川",谁因谁而得名?

独鈷の湯は、温泉地区を流れる<u>修善寺川</u>の川中にあり、土台の岩や大きな石を組んで浴槽をかさ上げし、足湯として無料で利用できます。至近には<u>地名の由来となった修禅寺</u>があり、多くの観光客が訪れます。

译文:独钴温泉位于流淌在温泉地区的<u>修善寺川</u>中游,用基石与大块石头搭高浴池,供人们免费体验足浴。附近就有<u>以地名命名的修禅寺</u>,众多游客来到这里。

在日本，有多处河流名中含有寺名。除本文出现的"修善寺川"，还有石川县的"大聖寺川"。这些地名或河名和寺名是谁因谁得名的呢？这表面上看，确是一个鸡和蛋的问题。此例中，"修善寺川"中的"修善寺"和"修禅寺"可理解为同指。译者将"地名の由来となった修禅寺"译为"以地名命名的修禅寺"，说明译者认为，"修禅寺"是因为"修善寺川"而得名。在该句中，"地名の由来となった"修饰"修禅寺"，从逻辑关系看，"修善寺川"这个地名之所以叫"修善寺川"是有赖于"修禅寺"这个禅院。因此，"修善寺川"是因"修禅寺"而得名，而不是相反。

三、措辞时违背同一律必然造成译文违背矛盾律

语词具有多义性，同一语词往往可以表达多种不同的含义，指称多种不同的对象，这种多义性与歧义性导致了语词相同但表达的词项不同的现象，从而造成混淆词项、混淆概念等逻辑错误。如果把以上五则译例整理一下，就成表1。

表 1

示 例	源 词		违反同一律	违反矛盾律
例一	ぼーっと	原文：憨懂貌（"ぼーっと"）	懵懵懂懂
		译文：放心貌（"ほっと"）	松了一口气
	もうしでに	原文：申请（もうしで）	"如愿"找到工作
		译文：已经（もう）	"已经"决定在哪里工作了
例二	打つ	原文：撞击，敲打	"摔了"屁股
		译文：打	"打了"一下屁股
例三	いきり立つ	原文：愤怒，怒不可遏	恼羞成怒
		译文：突然站起（いきなり）；站起（立つ）	三枝"突然站了起来"
例四	IT 企业	原文：IT 企业	引发了全球性话题的 IT 企业
		译文：公司食堂	"IT 企业"因其公司食堂提供豪华自助餐而引发了全球性话题
例五	修禅寺	原文：修禅寺	以修禅寺命名的地名（河名）
		译文：地名	以地名（河名）命名的修禅寺

例一中，由于译文中所选的词汇"松了一口气"与原文所指不一，造成该处译文与具体情境不协调，使得原文中唯一的意义在译文中又生出一个意思。又因为受日语书写复杂性的影响，误将"申请"理解为"已经"，造成误译。例二中，由于受"打"这个汉语中既有的词汇意义影响，先入为主，把"摔了一跤"误译为"打屁股"，生成新意，与原文产生矛盾。例三中，误译可以说有两处。一是误将"いきり"当作"いきなり"（突然），二是误将"立つ"当作"站立"。本来是一个词

"いきり立つ"（怒不可遏），译文中衍生出原文没有的新意（"突然站起"），与原文发生矛盾。以上3例中，原文一个意思，译文另一个意思，或偏离较大，或风马牛不相及，或截然相左，违背了亚里士多德的矛盾律。

例四中，由于对中心词的认定上出现与原文的分歧，造成与原文命题截然不同的新命题。原文的重心在"IT企业"，译文的重心在"公司食堂"，出现了互相否定的两种表述形式，违反了矛盾律。例五中，由于在叙述重心词是"修禅寺"还是"修善寺川"上发生分歧，原文与译文出现了截然不同的选择，而原文所指是明确的，因而出现了违反矛盾律的现象。

四、结语

日语书写方式的复杂性使得日汉翻译比起其他语种的翻译多了一重困扰。笔者认为，作为日汉译者，首先要加强日语语言修养，力避望文生义，避免选词错误，违反同一律。其次，译者要竭尽全力，从语法关系入手，理清修饰关系，这样才不至于无意中转移话题，偷换概念，造成违反矛盾律的情况发生。

参考文献：

［1］一番日本语（杂志）［J］. 大连：大连理工大学出版社，2017—2018.

［2］关老健. 普通形式逻辑（修订版）［M］. 广州：中山大学出版社，2002.

［3］郭芸，姚望舒. 逻辑学简明教程［M］. 苏州：苏州大学出版社，2017.

［4］旺文社. 日汉双解学习词典［M］. 北京：外语教学与研究出版社，2006.

基于产教融合的影视与新媒体实训基地建设与实践

辛伟彬

摘要：实践教学体系建设一直以来是应用型本科人才培养过程中的关键环节，尤其是现阶段强调产教融合、协同育人，建设面向行业与产业的实训实践基地显得尤为重要。本文主要立足于影视与新媒体产业，强调产教融合，以行业职能为引领，通过跨专业融合，针对行业核心技能点构建服务影视与新媒体产业的实验室群，打造链条式实训模式；通过深化协同育人，打通校内外实践基地，构建适应产业发展的实践创新能力培养体系；通过项目驱动，构建产学合作输出新模式。打造自主创新的"产、学、研、训"四位一体的具有国内一流水平的影视与新媒体实训基地。

关键词：产教融合；实训基地；影视与新媒体；协同育人。

作者简介：辛伟彬，广东汕头人，研究方向为数字媒体技术及软件开发。

一、基地简介及主要解决的教学问题

（一）基地简介

由社会科学文献出版社出版的《中国新媒体发展报告（2015）》（2015《新媒体蓝皮书》）对2014年中国新媒体发展的特征概括为两点：新媒体发展成为国家战略、媒体发展进入新阶段。2016年12月，"广莱坞"南方影视中心将地址定在佛山。这是广东省贯彻落实习近平总书记系列重要讲话精神，加快推进文化产业供给侧结构性改革、振兴"广东出品"电影发展的重要举措。影视与新媒体再次提到新的高度，逐步呈现"全产业"趋势。而传统的人才培养体系多数是"重理论、轻实践"，且难以摆脱二级学科分类的束缚，缺乏实践教育的系统性，已不能适应新的形势。

广东东软学院地处粤港澳大湾区核心区佛山市，依托东软集团强大的IT背景，一直致力于服务地方产业，培养高水平应用型综合人才。学校设有动画、数字媒体技术、数字媒体艺术、视觉传达设计4个媒体类的专业。在这4个专业建设过程中，我们注重产教融合、改革传统的实验实训模式、创新实践实习；通过结合影视新媒体行业的特色，以工程实践为主体，从加强实践教育的系统性和开放性入手，通过跨专业交叉融合，破除专业实验室壁垒，在实验教学体系、实践基地、科研创新创业平台等方面进行改革，促进学生知识、实践能力、综合素质的协调发展。建成了基于产教融合的影视与新媒体实训基地。

（二）主要解决的教学问题

（1）突破专业壁垒，避免不同专业重复建设功能雷同实验室，针对岗位功能需求，跨专业建设实验室群。

（2）构建一流人才培养的实践育人体系，解决学生实践能力不足、创新能力弱、难以适应影视与新媒体行业发展需要的问题。

（3）如何将产学合作协同育人落到实处，将校内外专业资源转化为提升学生创新能力的教学资源，全面提升学生综合竞争力的问题。

二、基于产教融合的影视与新媒体实训基地建设措施

（一）职能引领，构建服务影视与新媒体产业实验室群

依托影视与新媒体产业，突破现有的专业壁垒，打造跨专业适应影视与新媒体产业需求的专业化影视与新媒体实训基地。基地自 2015 年以来，累计投入近 500 万元，新建了数字媒体虚拟演播室、数字媒体后期编辑室、移动新媒体创客实验室、蛙页创客实验室、3D 打印创客实验室、虚拟现实创客实验室，结合原有的摄影实验室、综合造型实验室、CG 实验室，形成了服务影视与新媒体产业各个环节的全链条式实验室群，既保障了各个专业的课内实验教学需求，又能满足生产实验、科研及创新创业的实践。同时，基地均实现对外开放，学生可通过预约，在课余时间申请使用。实验室的利用率得到了明显的提升，学生依托基地积极开展项目实践与科学研究，实现了较多的产出。

（二）产教融合，构建适应产业发展的实践创新能力培养体系

以互利共赢为原则，夯实校企合作基础，创新校企合作机制，深入开展实践模式改革。

（1）突破理念，改革传统实践教学过程。突破传统意义上把专业技能训练当作简单实验或教学辅助的理念局限，形成了"课堂实验、技能实训、项目演练、企业实习"全方位体验式实训模式，以及"基本技能训练—综合技能训练—项目训练"渐进式实训过程。

（2）探索任务驱动、项目导向教学模式。专业核心类课程，致力于以项目为驱动，根据学生就业岗位的技能要求，设计合理、完整的课程体系，结合实用项目应用

案例进行教学。针对艺术专业学生的特点，构建多元考核体系，更加综合客观地对学生进行评价。

（3）开设"定制班"，探索"订单"培养。"定制班"由企业提出人才培养需求，双方共同派出教师，共同商定教学方法、课程设置、课程开发，实现教育与企业需求之间的"无缝链接"。

（4）打通校内外实践基地，实现校内外实践基地无缝对接。引入校外企业实际项目，组织学生团队开展基于实际项目的实践活动。

（三）项目驱动，构建产学合作输出新模式

通过与企业、兄弟院校的产学研合作，基地先后与30多家企业建立了良好的合作关系。2017年至今，先后获得教育部产学合作协同育人项目6项，广东省省级大学生创业训练项目立项6项；与珠江传媒集团、熙康云舍酒店、广州市增城区检察院、信荣房地产等企事业单位开展"食得放心微电影"等影视与新媒体类横向项目8项。此外，学生积极参加各类专业技能竞赛。学生在媒体类的各项竞赛中表现突出，近几年，学生累计获得省级以上媒体类设计竞赛奖励100多项，包括大广赛金奖、学院奖金奖、One Show 中华青年创新竞赛一等奖、全国3D大赛总决赛一等奖等。学生专业基础扎实，实践经验丰富，得到了用人单位的一致好评。

三、基地的创新点

（一）跨专业融合，构建开放共享的实践教学环境

各专业传统的实验实训室，在一定程度上会存在功能重叠、使用效率低下的情况。同时，实验实训过多地集中在某个功能或某个技能点，也会忽略整个生产流程的现状。基地立足影视与新媒体产业，打破原有的专业壁垒，建设了涵盖产业各个关键环节的全链条式实验实训室群。实验室群同时面向现有的动画、数字媒体技术、数字媒体艺术、视觉传达设计4个媒体类的专业，既保障各个专业的课内实验教学需求，又能满足生产实验、科研及创新创业的实践；同时，基地实现共享开放，学生可通过预约，在课余时间申请使用。实验室的利用率得到了明显的提升，学生依托基地积极开展项目实践与科学研究，实践能力得到了明显的提升，实现了较多的产出。

（二）方法创新：构建"四位一体"的实践创新能力培养体系

针对传统教育存在内涵狭窄、培养目标滞后、知识结构不合理、学生实践能力不足、创新能力弱和职业适应性差等问题，基地发挥本学科传统优势，全面实施实践教学综合改革。以影视与新媒体产业发展为导向，以实践能力训练和创新能力提升为抓

手，强化产学协同与科教融合，建成多位一体实践创新能力培养体系。

（1）全方位体验式实训模式。突破传统意义上把专业技能训练当作简单实验或教学辅助的理念局限，形成"课堂实验、技能实训、项目演练、企业实习"全方位体验式实训模式，以及"基本技能训练—综合技能训练—项目训练"渐进式实训过程。

（2）任务驱动、项目导向。根据学生就业岗位的技能要求，设计合理、完整的课程体系，结合实用项目应用案例进行教学。构建多元考核体系，更加综合客观地对学生进行评价。

（3）"订单式"培养。由企业提出人才培养需求，双方共同派出教师，共同商定教学方法、课程设置、课程开发，实现教育与企业需求之间的无缝对接。

（4）产业与科研输出。打通校内外实践基地，实现校内外实践基地无缝对接。引入校外企业实际项目，组织学生团队开展基于实际项目的实践活动，提供良好的政策扶持，引导学生进行科学研究与技术研发，并鼓励学生创新创业。

为影视与新媒体人才培养中存在的诸多难题提供了有效解决路径。

（三）机制创新：形成了内涵丰富的影视与新媒体资源整合机制

在基地建设过程中，先后与30多家企业机构建立了良好的合作关系，将校内外专业资源整合为优质教学资源，为学生提供不同层次、内涵、实现方式的学习和实训机会，形成高校与行业企业及科研院所互动协同育人新局面，实现了专业与产业的无缝对接，为培养影视与新媒体产业一流本科人才提供了强有力的资源保障。

四、基地的推广应用效果

（一）人才培养成效显著

培养了一大批影视与新媒体行业精英，学生的实践能力和创新能力明显提升。近几年，学生累计获得省级以上媒体类设计竞赛奖励100多项，包括全国大学生广告艺术大赛金奖、学院奖金奖、One Show 中华青年创新竞赛一等奖、全国3D大赛总决赛一等奖等。近几年，毕业生初次就业率均超过95%，用人单位满意度为90%以上。

（二）教学资源优势凸显，为影视与新媒体人才培养奠定坚实的基础

在本成果实践推动下，建成产学研一体化的影视与新媒体人才培养基地。基地涵盖影视与新媒体行业实践实训涉及的各个环节，采用链条式的方式进行资源配置，很好地满足了学校现有动画、视觉传达、数字媒体技术、数字媒体艺术这几个专业的课程实践教学需求，同时，依托产业背景实现了情景式、项目式、生产式实践体验，实

现了与产业的无缝对接,实现了从体验到真实产出的顺畅过渡,并为学生打造了良好的创新创业孵化平台。在此基础上,学生在实践及创新能力方面明显优于其他专业,部分学生在校期间已经注册公司并承接商业项目,学生的实践能力得到用人单位的一致好评。

(三)改革成果得到同行认可,广受关注

学校一直与其他兄弟院校保持良好的沟通与互动,经常与其他院校组织参观学习和经验交流活动,先后有省内外 20 多所兄弟高校来校进行专题交流。影视与新媒体实训基地的成功建设,得到国内同行普遍认同。我们将大力向其他院校介绍和分享成功经验,帮助其他院校实训基地建设。

参考文献:

[1] 贺楠,梁玉清. 数字媒体艺术专业实践教学体系建设 [J]. 计算机教育,2011 (16):110-114.
[2] 丁荣涛. 高职数字媒体专业"工作室"制教学模式探讨 [J]. 黑龙江科技信息,2008 (11):151.
[3] 郑春辉,陈月华. 数字媒体复合型人才培养定位下实践教学模式的研究 [J]. 艺术教育,2011 (4):32-33.

基于微信生态的智慧教育平台设计与实现

杨慧娟　衷尔豪

摘要：本文通过研究社会对高水平电商人才的需求与电商人才成长路径，探究人才培养规律。结合规律和多年教学实践与尝试，从学生视角出发，设计适合其专业发展和成长的课堂教学环境，并基于当前主流电商社交平台微信生态迭代实证，分享实践过程中所获经验与方法。

关键词：智慧教育平台；微信生态；人才培养。

作者简介：杨慧娟，华南理工大学软件工程硕士，信息系统项目管理师，计算机科学与技术讲师；衷尔豪，硕士，高级工程师、高级经济师和系统分析员。

一、引言

在纷繁复杂的电商领域，信息技术（以下简称"IT"）是其不可或缺的基因，也是我院一大特色。为突显这一特色并能使学生真正掌握和应用信息技术工具与方法，我们将课程设置和项目实践过程与 IT 充分融合，在教学过程中构建仿真训练环境和接近真实体验的场景氛围。

电商的商务基因决定了所有技术方法都要在真实环境中进行检验（以人为本），方能形成有用的数据来客观地检视电商发展的规律和新技术新产品的价值。电商的科学营销需要大数据支撑分析，无技术，不营销。而传统的网站、网店在教学时才进行集成整合，分别涉及技术集成，数据仓库构建，流程重组等多方面多维度的系统架构问题。更致命的是，数据反馈存在短期内无法沉淀，数据来源不够全面的问题。而微信作为近几年来的电商社交领域最大的线上流量入口，在这一点上正好可以解决问题，且微信逐渐完善的平台与技术架构，为电商人才的培养打通了技术驱动服务的基础应用平台，为高素质电商应用型人才培养提供了天然沃土。

IT 技术的发展与丰富的应用场景也为我们打破传统集中式教学环境制约，为个性化因材施教提供了成熟的软硬件条件。因此，我们根据先进的教学与人才培育理念，结合成熟的教育技术设计并实现了"基于微信生态的智慧教育平台"，以支撑电商教学改革。

二、基于微信生态电商教改设计、实现

(一) 电商资源数据化管理平台设计提出

在当今人口众多的中国，提升人才培养质量需求，特别是面向成年人的终身学习需求尤为凸显。高校作为这一教育的主要阵地，当仁不让地必须承担起提供这一服务的重要责任，而回归古代教育家孔子提出的"因材施教"的精细化教学管理和深度学习成为必然选择。

为实践"因材施教"，我们从两方面进行改革尝试，学生端我们鼓励更多技术支持的自适应学习，教师端我们鼓励更多技术支持的课堂教学改革，帮助双方互相认识，深度了解。一方面，通过技术平台精细化管理学习者的学习过程，充分挖掘学习者学习过程的数据，帮助完善成长模型，提供与其相适应的课程指导和成长路径咨询；另一方面，学生成长需求数据驱动教师提前且充分准备好各类型的教学资源，并提升自身各方面的能力和素质。

(二) 平台实现

我们根据以上设计，以学生为中心，分三步进行平台的具体实现。课程作为着力点，由点带面，再形成为课程体系服务的系统平台。

第一步，搭建电商资源数据化管理平台雏形。

2014年，根据企业形象识别理论指导，为电商资源数据化管理平台搭建电商资源网站、电商资源淘宝店、电商资源公众号。可支持电商专业教学中的大部分主要课程，如"网站建设""网店运营"和"网络营销"等。2017年形成阶段性校级教学成果——电商资源数据化管理平台，如图1所示。

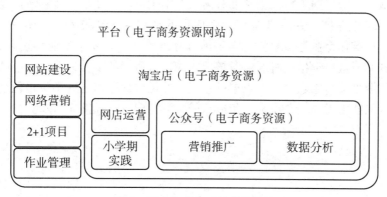

图1 平台组成与对教学的支持

第二步，基于微信生态升级电商资源数据化管理平台。

2018年，为突破电商教学难点问题，在教学信息化集成和因材施教等各种需求的驱动下，将平台集中搭建在微信生态之上。同时，参与教育部产学合作项目，与腾讯公司合作进行进一步改革实践，逐步形成促进教学相长的智慧教育平台。如图2所示。

图2 平台总体设计

第三步，测试与平台优化升级。

2019年之后，根据收集的平台体验反馈数据，对平台进行进一步升级优化。将重点服务领域构建得更精细，使平台能够更智能、更有价值；能服务更多教育相关人员，提供更具体的指导和推荐内容。

三、优势分析

根据因材施教的理念，智慧教育平台的运行流程可以设计为：①平台服务方为学生提供课程咨询和资讯。②学生通过平台获得需要的帮助，更好地理解专业知识和训练专业技能。教师根据平台数据帮助有需求的学生学习，使学生能够掌握专业知识和通过平台标准化考核，并将有益于学生成长的新理念、新技术和新方法融入平台。③平台通过标准化专业考核模型对学生进行分析考查，只要学生能够达到教学要求，平台就允许其通过。学生只有通过考核，才能进入后续的学习，获取相应的等级证书和合适的就业推荐。④教师亦可根据平台提供的优秀课程，进入学生角色进行继续教育，全面升级能力素质，获得进一步成长的资源与建议。如图3所示。

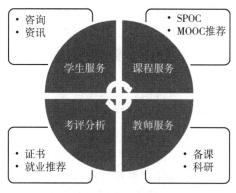

图3 平台运行流程

在传统的教学模式和环境下，如果实行因材施教，那么其培养效果会显著上升，但培养学生的能力就会显著下降。而利用智慧教育平台来培养学生，在同样的标准下，培养学生的能力并不会发生较大变化（与教师的能力和学生需求有某些关联），如图4所示。其中的P1和P2点分别为传统方式和智慧教育平台方式培养学生的最适合点。从图4我们可以看出，平台可以实现人才培养效果和培养能力的双赢。

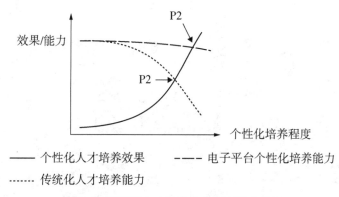

图4 因材施教人才培养的效果和能力关系

利用电子教育平台实现高校的个性化人才培养，从根本上说就是对传统的教学模式进行业务流程重组（BPR）。为了利用智慧教育平台实现我们定义的因材施教，还需要解决一些关键问题。

四、实施基于微信生态电商教改时需要解决的问题

（一）平台完善

根本性、彻底性、戏剧性和业务流程是BPR理论中的4个核心内容。其中的根本性表明BPR所关注的核心问题；彻底性表明BPR致力于彻底改革，重新构建业务

流程；戏剧性表明 BPR 要使业务流程业绩产生戏剧性优化；BPR 关注的要点是关键性的流程，并围绕这些流程展开重组工作。智慧教育平台的实现和成功运行就需要根据上述核心内容的要求，解决其中最为关键的问题，使其产生戏剧性的优秀业绩。

我们的平台用户主要是学生和教师。在构建此平台时，应从学生和老师的根本需求出发，才能真正打造出对用户有价值，有深度连接和黏性的好平台。这也要求平台本身必须具备较好的成长性，能够被持续赋能。基础技术层可以由微信生态打造，教育教学应用层面需要教师、学生和企业协同创新。

微信降低了移动应用程序开发的门槛，如微信公众平台的编辑模式开发成本几乎为零，不需要任何技术基础。小程序开发难度既能适应电商专业学生基础和专业发展需求，也能让其抛开诸多技术运维细节，专注商务策划重点。

图 5 展示的是平台第一版一组用户体验后的反馈。该组用户对平台评价最高，对平台提供的功能与服务升级建议最为具体。词云图中最为明显的需求是"客服"，这也意味着用户更需要的是贴近学习生活（平台目标用户为高校学生）的问题解决和顾问咨询服务。而这种服务或者功能一般需要客服对用户痛点、用户所处环境背景以及其需求服务产品的本身都有深度认知，才能解决问题。没有大数据和全面的视角必然不能提供令人满意的高质量服务。

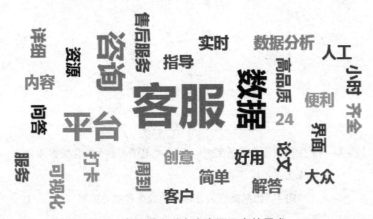

图 5　高校学生对电商资源平台的需求

课程推荐服务，应根据学生具体学习需求和学习情况进行建构与推荐，帮助学生更有的放矢地完成成长升级。就业推荐，则是平台基于学习相关数据提出的成长路径建议和预测，尽量减少学生在完成繁重课业后再重复进行数量过多的问卷回答，来确定其职业倾向或者潜能素质，既节省各方面资源，又能简单清晰地因材施教。

（二）教师角色转变

平台的植入，势必改变教师原有的工作方法和思维定式，但是对其专业发展将大有帮助。流程重组后，师生关系将发生根本变化，教师和学生已经形成完全的伙伴关系，教师除了帮助学生学到必要的知识，以通过平台的标准化专业考评，还能通过从平台得到服务支持，提升自身业务水平，提升教学质量。这也是教师角色颇具戏剧性变化的体现，但这一变化本身对师生的成长是利大于弊的。

这一变化还让教师可以名正言顺地成为学生的角色。这并无不妥，还能打破原有认知的"要给学生一碗水，教师得拥有一桶水，而这多出来的水从哪里来"的耐人寻味的问题。

如果能够科学和有效地解决上述学生学习和教师专业发展的关键问题，智慧教育平台就能够在高校教学中发挥巨大的作用。利用智慧教育平台，可以科学地实现学生学习的需求驱动、任务驱动（完成前置任务后才能进入后续学习）和最优的学习效果。同时，还能够优化学校的教学配置，节约大量宝贵的资源并提高教学质量，实现学校、学生和社会的多赢。

五、结论

本文所论述的智慧教育平台是根据我校的实际情况来设计的，其中相关的软件、硬件和环境已经成熟并具有很高的性价比，实现起来基本没有技术障碍，而且具有较高的社会效益和经济价值。教学相长、因材施教在当下环境中愈发变得可行，先行一步给我们带来的不是风险而是新的"大陆"。

电子商务专业教学存在诸多难点，如专业知识更新迅速、专业能力明显跨界、实务场景更新迅猛等，为能够更好地服务教学，教师需要很强的学习能力和与前沿实践紧密结合的意识，并能为学生提供充沛的学习资源——源头活水。我们希望研发设计这套平台体系能用高效的方法沉淀经验，创造这种源头活水，从而更好地创造价值，这也是平台进一步升级发展的方向，希望该平台能更好地服务于电子商务专业的教学和科研工作，同时，能够减少重复劳动，累积电商资源，驱动提升教学团队专业软实力。

参考文献：

［1］赵旭隆，陈永东. 智能营销：数字生态下的营销革命［M］. 上海：上海文艺出版社，2016.

［2］衷尔豪，郑学瑜，杨慧娟. 教育技术协同创新与多元发展——利用电子教育平台实现高校个性化人才培养的探讨［C］. 北京：北京邮电大学出版社，2013：130－136.

［3］MICHAEL H，JAMES C. Reengineering the corporation：a manifesto for business revolution［M］. New York：Harper Collins Publishers，2004.

［4］王萍. 微信移动学习的支持功能与设计原则分析［J］. 远程教育杂志，2013（6）：34－41.

产学研合作中的知识分享模式研究*

张永棠　冼敏仪

摘要：知识分享在协同创新过程中起到关键性的作用。本文将知识分享与产学研协同创新结合，构建出产学研协同创新知识分享的综合模型，同时，通过对不同产学研模式的细化分析，构建出不同产学研协同模式下知识分享模式，并分别给出使知识在分享及流动的过程中能够发挥更大的效益，提高产学研协同创新的效率。

关键词：产学研；协同创新；知识分享；模式。

作者简介：张永棠，厦门大学信息与通信工程专业博士，教授，系统分析师，硕士生导师，主要研究光通信及网络空间安全技术。冼敏仪，中山大学计算机应用专业硕士，广东东软学院讲师，主要研究网络入侵检测。

　　产学研协同创新是由多个企业、学校及科研机构组成的网络组织，彼此之间形成一定的合作契约关系，合作方之间共同投入资源，利用优势互补原理，参与到一个创新过程中，形成创新成果。所以，产学研合作的最终目的是进行创新，使得技术和产品能够获得更高的水平，能够在市场化的过程中得到认可。创新离不开知识的整合与转移，术业有专攻，每一个团体对知识的把握力度不一定相同，知识在碰撞的过程中会产生新的知识与灵感。合作创新要求合作方之间能够进行有效的知识交流与知识分享，合作企业以彼此的能力和知识作为杠杆来增强合作创新的竞争力和生命力，知识分享是合作的关键环节，只有合作方之间知识能够达到有效的分享，相互之间的信息流能够通畅，合作中创新的可能性才会升到最高。

一、知识分享及作用

　　知识分为显性知识和隐性知识，显性知识也称为"明晰知识"，是指易于表达、可以口头传授的知识。无论知识形态如何存在，在合作过程中，都在无序和有序地互相流动。随着知识分享的好处逐渐突出，国内外学者对知识分享的研究也越来越多，

＊ 本文系广东东软学院教学成果一等奖"双平台、双核心、双情景，网络安全人才培养模式的创新与实践"的成果之一。

从不同的角度对知识分享进行了定义。有些学者认为，知识分享是一种转移的活动，知识分享是知识拥有者将其拥有的独特知识传递给知识接受者的过程。Margaret 认为，知识分享是一种交换过程，通过双方有效的沟通，使得信息在互换的过程中得到分享。Nancy 则对知识分享提出另一种观点，认为知识分享是使别人知晓或传播自己的知识给他人，就如同将知识分送出去，进而与对方共同拥有此知识。Sveiby 则从互动的角度来定义知识分享，认为团队成员间的知识分享是指团队成员对彼此的专业知识、技能、经验、价值观、人际网络及工作流程的一种了解。国内学者蔡宁、黎常认为，知识分享是一种行为活动，是知识提供者将自身拥有的知识进行传递转移的过程。通过对知识分享定义的研究，本文认为，知识分享是双方都能够很好地在整个合作群体中获得个体缺乏或没有的知识，彼此通过知识分享，可以使知识结构扩大。

比尔·盖茨在《未来时速》中论述知识管理时强调了"知识分享"的重要性。他认为，"一家公司的高层经理们需要坚信知识分享的重要性，否则即使再努力掌握知识也会失败"。知识分享使得知识的获得成本相对降低，它能够减少成员在沟通过程中的障碍，使得知识处于流动的状态。知识分享有利于组织资源的累积，在时间和实践的检验过程中，逐步形成独特的战略性资源，它能够显著地提升组织创新的绩效和资源整合的动态能力。所以，进行知识的分享，才能提高组织整体的竞争水平。

二、产学研协同创新知识分享综合模型

Polanyi 从认识论的角度，认为所有的个人知识都是隐性知识，即暗默知识。所以，要建立一个能提供暗默知识和形式知识转移分享的平台，产学研合作模式就是一个起桥梁作用的平台之一，它提供了知识能够顺利转移的情境，即"场"，即分享、创造及运用知识的动态的共有情境，"场"为进行个别知识转换过程及知识螺旋运动提供能量、质量及场所。在这些"场"里，人们通过互动来创造和转移知识。国内学者鲁若愚对知识分享与产学研协同创新合作的知识系统进行了详细的论述，认为知识分享的过程需要进行管理，在管理的过程中，使得知识的分享效益达到最大化，这才会发挥知识的作用。国内学者陈泽明、何山等对知识分享模式对企业技术创新能力的影响进行了研究，强调组织氛围在其两者之间起到一定的调节作用。

综合前面所述，根据合作创新中知识划分为明晰知识和隐性知识，以此为基础，构建了企业大学（科研院）合作创新的知识分享的综合模型，如图 1 所示。

明晰知识易于表达、传递，容易依附于有形载体上，因此，明晰知识的分享相对容易，大学、企业或各成员的明晰知识形成一个便于共享的明晰知识库。合作双方相关成员可以在一定的授权范围内直接利用共享明晰知识库的资源，达到共享。

但是，企业的技术能力不是明晰知识的总和，而在很大程度上更依赖于隐性知识。而隐性知识的分享比明晰知识更困难，也更重要。合作中分享隐性知识最重要的方法就是人与人之间面对面的交流、沟通和传授等。企业与大学合作时，跨越双方的组织边界，共同组建了 m 个科研小组，每个小组由若干成员组成，每个成员是这个

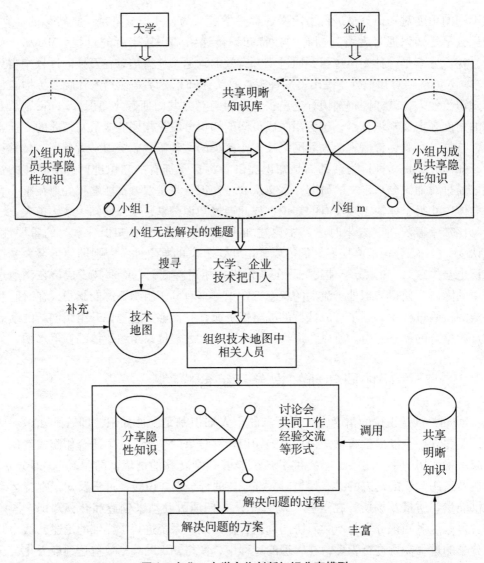

图1 企业—大学合作创新知识分享模型

知识分享模型中的最小构成元素,而每个小组就是创新成员直接沟通、交流、传授的基本,也就是构成了最基本的知识分享单元。

根据模型,小组成员之间共同工作,交流、沟通方便且频繁,隐性知识很好地得以分享。技术把门人为解决难题,而将技术地图中搜寻到的相关人员集合而成一个小组,在小组内成员的共同工作也使隐性知识分享超越了原有小组的范围。此外,合作过程中的讨论会、经验交流会等形式对分享隐性知识也有促进作用。讨论会围绕一定的主题而进行,经验交流会则具有更大的自由度。经验交流会允许与会者自由选择交流对象,探讨双方感兴趣的话题,分享合作中的工作心得,寻求更完美的解决方案。此外,合作参与人员的非正式接触也会促进隐性知识的分享。随着现代信息技术的发展,交流的渠道更丰富。互联网、无线通信、即时信息传输软件等提供了超过空间限制的面对面交流，为分享知识提供了便利。

三、不同合作模式的知识分享模型及管理

中国的产学研协同是科技经济与社会发展、各方利益主体驱使以及政府相关政策和法律法规等相互作用的成果。政府的引导和市场拉动都是外在动因，外在动因与内部需求相结合，驱动利益与其紧密结合时，产学研的各种模式也推陈出新，其作用也愈来愈大。不同合作模式具有不同的组织特征和功能，其知识分享也应有不同的安排。下面我们根据不同的模式，构建出知识分享的模型，并给出相应的管理意见。

（一）技术转让

企业大学合作中的技术转让模式，由于合作的规范完全受限于合同，履行合同是双方的义务和责任，资金的流动主要从技术知识接受者（一般为企业）流向技术知识转让者（一般为大学），而技术知识的流动则趋向于单向流动，即技术转让者（一般为大学）将知识传递给技术接受者（一般为企业）。当然，技术知识的反向流动也是可能，只不过分享知识的量会小得多，我们可以用图2来描述技术转让中的知识分享模式，箭头的大小表示知识分享的不对称性。

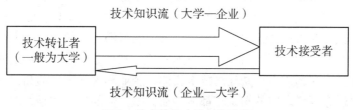

图2　技术转让中的知识分享

通过上面知识共享的途径，我们可以看出，在管理的过程中，对大学分享的技术知识要十分重视，搭建方便的沟通协调学习途径。

（二）合作开发

在合作开发模式中，企业深入了解工艺、技术中的深层次原理和规律，为探求生产工艺技术的不断改进和生产效率的提高提供指导性依据。大学则可发挥基础理论扎实、技术分析综合能力强的优势，这样不仅提高了大学人员的素质，也为企业解决技术难题提供了帮助。

这种模式，有统一的项目协调机构和管理机构，成果由合伙成员共同分享，因此，合作知识的分享易于实现。我们认为，可以以合作项目为中心，构建问题研究分析中心，知识流通过研究分析中心，更加系统有效地流到合作对方（如图3所示）。

当然，合作开发的特点决定了面对面交流的便利性和可行性，因此，合作成员也可以通过交流直接探讨合作中遇到的问题和解决方案。

图3　合作开发中的知识分享

（三）共建实体

1. 共建高技术经济实体

企业大学共建高技术的经济实体，一般是由大学提供技术知识、技术人才、专用仪器设备等技术性资产，而由企业提供资金、设备、场地和市场经验等经济资产，共同组建的高技术经济实体。一般说来，大多联合后的实体按公司法运行，受董事会领导，排除了旧的不良机制的影响。高校作为企业强大的技术后盾，派硕士研究生和博士研究生到企业工作，企业的技术人员也到高校学习，双方紧密合作，绩效明显，常常使产品很快面向市场，形成批量生产，获得了良好的经济效益和社会效益。在这种合作模式下，知识的流动完全是双向的。高校擅长于技术知识，而企业通晓市场知识，这两种知识的有机结合给实体带来了巨大的发展潜力。而且，双方的合作利益都建立在实体业绩的基础上，因而，合作更加密切，知识分享的实现可以通过实体的管理机制得以保证。在图4中，共建高技术实体、企业和大学三者的知识分享构成的三角关系，使得任意两者之间的知识流都能畅通无阻。需要指出的是，图4中描绘的所传递的知识的类型只是知识流中的主体，如大学和共建高技术实体之间的也可以包含某些市场方面知识，但其所占比例较小，为了突出实际合作中的主要情况，图4中没有全部标出来。

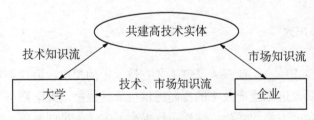

图4　共建高技术实体中的知识分享

2. 共建研究开发机构

共建研究开发机构，指高校提供技术知识、技术人才，企业提供资金、设备和市场经验，构建一个新的研究开发机构。共建研究开发机构模式和共建高技术实体有相似之处，即出资模式和知识支持模式。它们的不同之处在于，前者合作的结果是形成研究开发机构，一般不直接参与市场；后者合作的结果是形成高科技实体，直接参与市场竞争。但是，它们的知识分享的模式基本相同，在此不再赘述。

（四）其他合作模式

1. 技术咨询与服务

技术咨询与服务主要是指企业为了解决发展中的技术问题而向大学咨询的一种合作。对企业来说，主要是内部问题的分享和资金的流出。对大学来说，技术咨询服务的特点就是"卖脑袋"，不需要帮企业建立或者操作，但是要给企业提供一些解决方案和技术支持，这是咨询服务的根本。在图5中，在合作的界面上，企业和大学的知识分享表现为企业内部问题和知识需求流向大学，大学据以构建解决方案和技术支持知识流向企业。在合作各方的内部，知识的转移有所不同。对企业来说，根据所遇到的问题，检索自身知识服务器，获取必要的支持知识；当大学给企业提供新的解决方案时，企业将新方案写入数据库以备查。对大学来说，在接到企业所提出的问题后，搜索知识服务器，如果有适合企业的成熟方案就直接给企业提交，否则从知识服务器获取必要的知识，并据以形成新知识和新的解决方案，在提交企业的同时，更新自身知识服务器。

图5　技术咨询与服务中的知识分享

2. 人才交流与培训

人才交流与培训是一个双方互利的过程，知识呈双向流动。知识的分享是通过合作双方的人员流动来实现的。如图6所示，对大学而言，其相关人员融入企业环境中，与企业分享知识；他们获取的新知识会因为他们本来是大学的一部分而与大学知识再次分享、融合，形成大学内部知识流。对企业来说，其相关人员融入大学环境中，与大学分享知识；他们获取的新知识会因为他们本来是企业的一部分而与企业知识再次分享、融合，形成企业内部知识流。

图6　人才交流和培训中的知识分享

3. 基金合作

基金合作创新模式是指为了促进某一或某些技术领域的发展，企业和大学共同出资建立一定规模的风险基金。基金合作的特点是，基金由参与单位组成共同管理和经营机构，创新的执行主体和资助单位是分离的，基金合作是以项目为基础，基金管理机构负责组织项目的评审和后评估。与其他类型合作的相似之处在于，基金合作同样是利用企业雄厚的资本实力、市场经验和大学丰富的技术知识和研究积累。大学负责评估项目的技术可行性，企业负责评审项目的市场可行性，企业与大学的互补性有利于基金的健康发展。企业和大学在基金合作的模式下，知识的分享表现为技术评估知识从大学流向企业，市场评估知识从企业流向大学，资本运作、投资战略、人力资源管理等知识也会在合作中相互促进、共同提高。

四、总结

知识分享在产学研协同创新过程中能够通过其流动性使得知识得以整合并创造出新的知识，促进创新的进行，对于产学研协同创新的效率起到关键的作用。我们必须了解在不同模式下知识分享的模式，通过对关键环节的把握，使知识分享的作用发挥最大效益，合作方之间的管理层要制定出合理的策略，使得合作成员之间信息不对称的阻碍力量减小，增加彼此间的沟通，使得知识流能够畅通地在合作方之间分享传播。只有在一个知识共享的环境下，产学研协同创新的绩效才更容易达到目标。

参考文献：

[1] GOYAL S MORAGA. GONZALEZJ L. R&D networks [J]. Rand journal of economics, 2001, 32 (4): 686 – 707.

[2] GERVESEN C W, DAMANPOUR F. Performance implications of organisational structure and knowledge sharing in multinational R&D networks [J]. International journal of technology management, 2007, 38 (1/2): 113 – 136.

[3] HANSEN S, AVITAL M. Share and share alike: the social and technological influences on knowledge sharing behavior [J]. Sprouts: Working papers on information systems, 2005, 5 (13): 1 – 19.

[4] 林慧岳，李林芳. 论知识分享 [J]. 自然辩证法研究, 2002, 18 (8): 43 – 47.

[5] MARGARET T. Establishing mutual understanding in systems design: an empirical study [J]. Journal of management information systems, 1994, 10 (4): 159 – 182.

[6] 杨玉浩，龙君伟. 企业员工知识分享行为的结构与测量 [J]. 心理学报, 2008 (3): 350 – 357.

[7] NANCY M D. Common knowledge: how companies thrive by sharing what they know [M]. Boston: Harvard Business School Press, 2000.

[8] 谢荷锋. 关系结构、信任与员工知识分享决策的关系研究 [J]. 科学学研究,

2008（A1）：145 – 151．

[9] 谢荷锋，马庆国．员工知识分享行为激励中的"挤出效应"实证研究［J］．软科学，2008（11）：5 – 9．

[10] SVEIBY K E．New organizational wealth：managing and measuring knowledge-based assets［J］．San Francisco：Berrett-Koehler，1997．

[11] 曹科岩，龙君伟．组织文化、知识分享与组织创新的关系研究［J］．科学学研究，2009（12）：1869 – 1876．

[12] 蔡宁，黎常．知识分享及其研究理论基础［J］．情报科学，2007（1）：30 – 37．

[13] 盖茨．未来时速：数字神经系统与商务新思维［M］．蒋显璟，姜明，译．北京：北京大学出版社，1999．

[14] 谢荷锋，马庆国．组织氛围对员工非正式知识分享的影响［J］．科学学研究，2007，25（2）：306 – 312．

[15] 波兰尼．个人知识：迈向后批判哲学［M］．许泽民，译．贵阳：贵州人民出版社，2000．

[16] 竹内弘高，野中郁次郎．知识创造的螺旋：知识管理理论与案例研究［M］．李萌，译．北京：知识产权出版社，2006．

[17] 鲁若愚，陈力．基于知识分享与合作创新的知识管理系统研究［J］．科学学与科学技术管理，2003，24（6）：18 – 21．

[18] 陈泽明，何山，李后建．知识分享模式与企业技术创新能力：组织氛围的调节作［J］．中国科技论坛，2013（12）：78 – 84．

[19] 吴思静，赵顺龙．知识逻辑下的产学研合作模式分析［J］．情报杂志，2010（9）：204 – 207．

基于产学合作的网络工程专业课程综合改革
——以广东东软学院与思科公司的产学合作为例

赵元成

摘要：本文总结了广东东软学院计算机学院在与思科公司的产学合作中，进行网络工程专业课程综合改革的过程与成果，探索了通过产学合作中一体化与系统化合作，在课程建设、教学模式创新、师资队伍建设等方面进行网络工程专业课程综合改革的创新性方法。

关键词：产学合作；网络工程专业；综合改革；课程建设；教学模式创新；师资队伍建设。

作者简介：赵元成，讲师，主要研究方向为计算机网络。

一、概述

为贯彻落实《国务院办公厅关于深化高等学校创新创业教育改革的实施意见》（国办发〔2015〕36号）和《国务院办公厅关于深化产教融合的若干意见》（国办发〔2017〕95号）精神，深化产教融合、产学合作、协同育人，汇聚企业资源支持高校专业综合改革和创新创业教育，自2014年起，教育部高等教育司面向企业征集产学合作项目，由企业提供经费支持，以产业和技术发展的最新需求推动高校人才培养改革。产学合作实施以来取得了良好效果，促进了高校人才培养与企业发展的合作共赢，对于网络工程专业课程综合改革起到了积极的促进作用。

（1）网络工程专业作为较早与社会企业进行产学合作的专业，一直以来大力推行基于产学合作的网络工程专业课程综合改革，依托教育部产学合作协同育人项目平台，借助企业提供免费的、先进的、持续更新的课程资源、教学软件、评估平台和仿真软件，对现有网络工程专业课程进行改革，采用MOOC和翻转课堂相结合的教学方式，激发学生的学习兴趣和提升学习效率，更好地迎接"互联网+"时代的到来。

（2）在广东东软学院与社会企业的产学合作中，依托教育部产学合作项目"基于思科产学合作的计算机类主干课程综合改革"和广东省产学合作项目"网络工程专业综合改革"项目，通过企业提供的产学合作平台，创新性地将IT产业和技术的最新发展、行业对人才培养的最新要求引入教学过程，通过课程建设，推动广东东软学院计算机相关专业更新教学内容、完善课程体系。产学合作主要面向计算机专业部分主干课程,在课程建设、师资培训和学生培训等方面进行深度合作;另外,也面向全校的计算机应用基础课程,覆盖所有非计算机专业的学生,既有深度,也有广度。"基于思科产学合作的计算机类主干课程综合改革"项目最终成果入选高等教育学会教育创新校企合作研究分会《2018产教融合协同育人主题案例和研究报告集》,具有良好的示范效果。为本校后继57个产学合作项目起到了良好的示范作用,得到了企业和本校师生的高度认可,获得了思科"2018年度十佳网院"和"十五周年网院英才培养贡献奖"两项大奖。

二、产学合作开展情况

传统的产学合作大多安排学生去企业实习,较为适合具有一定专业课程基础和即将毕业走向社会的学生,而不适合持续性及一体化的专业课程学习。我们与企业的创新性产学合作主要依赖"基于思科产学合作的计算机类主干课程综合改革"和"网络工程专业综合改革"两个项目,主要解决以下教学问题。

1. 一体化：由校外合作向校内外一体化合作转变

引导企业参与到网络工程课程的教学中去,例如,将思科公司的"互联网+"信息技术基础、IT基础等通识类课程以及网络工程和物联网等多个专业方向的课程融入学院的专业建设中,实现由课程设置、教学方案、习题练习、考核认证、创新创业等一体化合作。

2. 系统化：由宽泛零散的机会导向合作向围绕培养方案的系统合作转变

企业课程强调实践性学习以及岗前技能准备,让学生符合"万物互联"时代对网络技术越来越高的技能要求。我们将有效的课堂学习与创新的基于云技术的课程、教学工具相结合,致力于把学生培养成为与市场需求接轨的信息技术人才。系统化合作如图1所示。

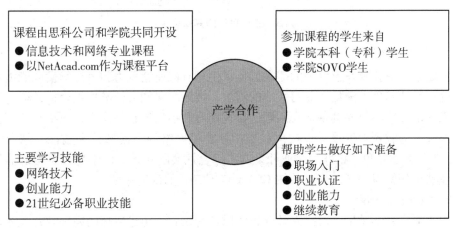

图1　系统化合作

为了实现产学合作的目标，我们从教学计划内的专业建设、教学计划外的实验室建设和项目组建设三个平台来完成。专业平台方面以订单式、定制式合作项目，重点是课程和师资的合作。将思科公司的课程安排到专业教学计划内，保证充足的课时量；共享思科公司师资与组织学院师资培训学习相结合。三个合作平台如图2所示。

产学平台	两类产学合作	合作模式及内容
专业	第一类产学合作（教学计划内合作）	订单式、定制式合作项目，重点是课程和师资的合作
实验室	第二类产学合作（教学计划外合作）	企业项目，大学生创新创业实践项目
项目组		应用型科研项目 区域人才培训项目

图2　三个合作平台

围绕该项目的研究思路，我们实现三个方面的目标，如图3所示。

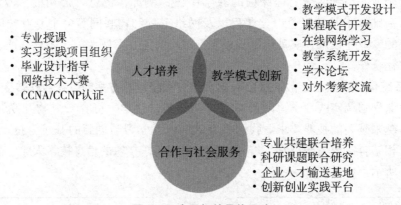

图3　三个目标的具体思路

1. 人才培养

满足学生成长及职业发展的需求，使学生具有就业竞争力和可持续发展能力及职业素养；在此基础上满足产业对人才的需求，按照职场能力标准提供合格的毕业生。

人才的培养不仅要具备解决问题、快速学习和不断创新的能力，还要具备团队协作的能力。为教授学生设计、构建和维护计算机网络的全面知识和技能，结合学院"小学期"教学特色，将联合企业开设网络综合性实践课程，使学生具备考取业界标准职业认证的知识水平，可以参加 CCNA 或 CCNP 的认证考试。

2. 教学模式创新

为了提升教学质量，以提高教育教学质量为核心，构建清晰的高等教育人才培养价值链，建立以学生为中心，以社会需求为导向，具有示范意义的应用创新型本科教育人才培养模式。

引入企业的新教学理念，面对学生不同的目标、教育水平和环境，原有的单一标准教学方法进行改变。致力于培养具有实际动手能力和项目经验的实用性人才，以更好地同市场需求接轨。为学生提供网络在线学习的教学工具，让学生无论身处何地，都可以在一个安全的环境中创建和配置虚拟网络，并对其进行安全维护和故障诊断。

3. 合作与社会服务

满足区域发展需求，企业及网络工程专业的战略目标，在密切开展产学研合作联合培养人才的基础上，共同建立代表行业前沿的实验室、技术中心或研发中心。将现代信息技术应用和现代企业管理结合起来，开展有关互联网产业理论与实践的教学科研工作，成为引领行业产业发展和转型的技术源和创新源。

三、产学合作成果及创新点

（一）产学合作成果

基于产学合作的网络工程专业课程综合改革开展两年以来，依托产学合作项目，促进了广东东软学院计算机学院各专业的改革建设，特别是网络工程专业的多门课程直接与企业课程进行深度融合，提升了课程教学效果。多名老师通过企业提供的免费师资培训，专业水平得到提高；学生通过平台课程的学习和测验，能力水平提高显著。具体成果如下：

1. 对接产业与技术的新发展，了解人才培养的新要求

通过产学合作项目，可以对接产业与技术的新发展，了解行业对人才培养的新要求，使本校相关专业的人才培养方案的制订与社会需求无缝衔接，与时俱进。目前共建的网络安全、物联网、软件定义网络三门课程，很好地阐释了计算机网络领域的新方向。

2. 促进专业建设，优化课程体系，改革教学方法

产学合作项目开展以来，与企业合作共建课程 16 门，112 个课程班次，学生共 4478 人次参与学习，完成率为 81%。我们对思科网院课程及本校相应课程进行深度分析，采取优势互补。充分利用网院平台的练习和考核的相关功能，融入课程教学的考核方案中。部分章节采用翻转课程的教学方式，教学效果明显提升。表 1 是部分合作课程的开展情况。

表 1　部分合作课程的开展情况

企业课程资源	对应本校课程	课程班次	学习人次	完成率
IT Essentials：PC Hardware and Software	计算机文化基础、计算机应用基础、软件工程经济学	27	2314	95%

续表

企业课程资源	对应本校课程	课程班次	学习人次	完成率
CCNA R&S: Introduction to Networks	计算机网络、路由交换技术、网络互联Ⅰ、Ⅱ	32	734	100%
Cybersecurity Essentials	信息安全基础、网络信息安全基础	6	263	100%
CCNA R&S: Routing and Switching Essentials	计算机网络、路由交换技术、网络互联Ⅰ、Ⅱ	12	278	88.20%

3. 强化师资队伍建设，提升教师能力水平

产学合作项目共有 12 位老师参与，其中 7 位直接参与了相关课程的教学工作。通过企业课程教学工作，老师们也同时学习到了计算机领域比较前沿的知识，专业能力水平得到了提高。在与思科公司的产学合作中，思科也会经常组织一些学习交流会，让参与的老师可以学习优秀的教学案例，提升专业技能。

4. 培养学生的职业发展能力和创新创业能力

企业的学习及技能平台满足了学生成长及职业发展的需求，使学生具有就业竞争力和可持续发展能力及职业素养。在与思科公司的产学合作中，我们组织学生积极参与企业组织的培训和竞赛，如创新创业杯、中国计算机大赛、"思科万物互联创客马拉松（中国站）活动"、思科网院杯竞赛等，都取得了不错的成绩。

5. 产学合作得到了社会企业的高度评价

我们与企业的产学合作取得的一系列成果，得到了企业、社会及学院的认可，获得了思科"2018 年度十佳网院"和"十五周年网院英才培养贡献奖"两项大奖。"基于思科产学合作的计算机类主干课程综合改革"项目最终成果入选高等教育学会教育创新校企合作研究分会《2018 产教融合协同育人主题案例和研究报告集》，具有良好的示范效果，对本校后继 57 个产学合作项目起到了良好的示范作用。

（二）创新点

（1）解决了专业建设与行业发展衔接问题。计算机相关技术发展非常快，专业人才培养方案需要紧跟行业发展的需求。依托企业的资源和产业布局，可以时刻掌握本行业对人才的需求，及时调整人才培养方案。

（2）解决了课程资源不足问题。课程资源需要长时间的积累和投入，企业资源聚集了大量网络工程相关的优质课程资源，而且还有强大的题库支持，可以检验学习效果，为课程建设、教学和考核提供了便利。

（3）解决了过于依赖课堂教学问题。传统教学方法一般都局限于课堂上，学生被动接受知识，学习主动性差。采用企业提供的在线课程，结合翻转课堂教学方法，让学生提前在课外学习，课堂上解答难题，将能提高学生自主学习、主动思考的能力。

（4）解决了青年教师教学经验欠缺的问题。青年教师无论在专业技能，还是教学经验方面都比较欠缺。为了让青年教师能快速进入教师角色，一般需要比较长时间的培训和锻炼。企业为青年教师提供了一个学习专业技能和提高教学经验的渠道，让青年教师快速成长。

参考文献：

[1] 王文礼. MOOC 的发展及其对高等教育的影响 [J]. 江苏高教，2013 (2)：53 – 57.

[2] 张新明，何文涛. 支持翻转课堂的网络教学系统模型探究 [J]. 现代教育技术，2013 (8)：21 – 25.

[3] 云红艳，潘振宽，赵志刚. 优化网络工程专业主干课程教学内容体系的探索与实践 [J]. 计算机教育，2018 (6)：10 – 13.

[4] 弓云峰，吕晓兰，李继凯. 产教融合背景下教师专业发展特征和制度建设的思考：以"广东石油化工学院—中兴通讯 ICT 产教深度融合"背景下"双师型"教师建设为例 [J]. 高教学刊，2016 (22)：27 – 29.

[5] 梁广民，韩江. 校企合作模式下实验室建设和互联网络专家（CCIE）培养 [J]. 计算机教育，2008 (1)：70 – 72.

教学管理

民办高校二级管理体制下教学秘书工作优化思考

曾 莉

摘要：秘书一职通常以"基础""辅助""烦琐"作为其职业形容词，而随着社会教育教学改革与学校发展，在二级管理机制下，教学秘书作为教学工作基层管理人员，应适应新的发展要求，转变工作思路，提升能力，创新管理，力求发挥最大能量。本文通过分析目前造成教学秘书工作效能低下的因素，探析优化教学秘书教学管理改进的途径。

关键词：教学秘书；二级管理；教学管理工作优化。

作者简介：曾莉，就职于广东东软学院信息管理与工程学院，从事教学管理工作已接近10年。

随着教育教学改革的深入，越来越多的民办高校逐步实行二级管理体制。相对于传统垂直管理体制，院系拥有更多的教学管理自主权。而教学秘书作为一线教学管理工作的执行者、协调者和管理者，在整个教学运行中不仅起到"齿轮"作用，同时也在规范教学过程、稳定教学秩序和教学评估等方面都发挥着举足轻重的作用。所以，教学秘书应适应学校发展变化，明确角色定位，才能正确、科学地分析岗位需求，有针对性地提升教学管理综合素质。

一、院（系）教学秘书工作新定位

（一）枢纽职能

教学秘书作为教学基层管理人员，除了要完成日常教学调度、教学活动安排、教学计划和教学任务的制定和落实等工作，还要与学校各教学管理职能部门、系（部）教研室、学工部沟通协调，连接"教"与"学"，保障教学顺利运行。教学秘书由单一执行教务部任务转变为与多部门多任务沟通协作，责任更重，协调范围扩大，如图1所示。

图1 教学秘书工作业务

(二) 参谋与助手职能

原先实行垂直管理体制,院系长期处于"接受任务—执行任务—再接受任务—再执行任务"的被管理状态。逐步实行二级管理,学校管理重心下移,学院有更多的教学管理自主权。教学秘书应有针对性地关注教育教学改革,收集教育教学动态、学校主要的人才培养目标以及新的教学方式与资源等信息,总结重点和经验,配合院系领导制定教学规划、改进教学环节和课程建设,为提高应用型人才培养质量建言献策。同时,教学秘书深入各专业教研室收集关于教学的相关资料和意见、建议并及时反馈,供学院领导决策,充分发挥助手作用。相较之前的要求,教学秘书的工作更强调主动性和全方位服务。

(三) 窗口职能

教学秘书作为教学管理中师生意见反馈的"窗口",经常接收教学质量保障部期初、期终教学督查的反馈,以及参与教学调研座谈、学生期中座谈。教学秘书需要将总结的检查意见"上传"各专业系主任、学院领导,"下达"任课教师和素质教师(辅导员),及时促改,确保教学有序运行。同时,由于二级学院逐步建立校企合作实习基地、产学研合作立项等,与企业、其他高校的合作日益频繁,教学秘书作为对外交流的"窗口",代表着学院的形象和名片。与之前相比,教学秘书的服务层次提升,要求的素质也提高了。

二、导致教学秘书工作效率偏低的因素

教学秘书作为教学一线管理人员,在民办高校教学管理中起到至关重要的作用,其工作效率和质量直接关系到学院乃至学校的教学管理工作。但目前民办高校的教学秘书工作效率普遍较低,究其原因,有以下几个方面。

（一）岗位职责不清晰和制度体系不完善

1. 岗位职责界定模糊，工作压力大

随着民办高校办学规模的扩大，专业增设、学生扩招等因素导致教学管理工作增加，但由于民办高校经费有限，并未按照比例增设秘书岗位，教学秘书通常是身兼数职，担负会务、后勤、财务报销、师资管理和科研管理等多重任务，无法做到心无旁骛地管理教学工作。同时，教学秘书还需及时处理教学过程中的突发情况，避免出现教学事故，稍有不慎，就会被问责。各部门要求任务完成的时间节点如出现较集中的情况，教学秘书有时需同时处理好几件事情，教学秘书的工作状态可以用"繁、杂、忙、乱"概括，工作压力大，因此，很难保证工作完成的质量。

2. 监督考核机制不健全，积极性差

相对专职教师有教学、科研等方面的管理规定和考核机制，民办高校教学秘书的工作虽强调"时效性"和"畅通性"，却没有针对教学秘书工作的相关考核机制，仅在年终考评时对工作完成情况做笼统地评价。同时，由于民办高校没有对教学秘书制定相应的工作管理制度，给予教学秘书一定的管理职权，教学秘书处于"无钱也无权"的状况，自然工作积极性不高，主动性不强，也容易产生"踢皮球"相互推诿的情况，直接影响工作效率与质量。

（二）管理教学缺乏"由外及内"的提升

1. 职业认同感低，易产生惯性懈怠

教学秘书虽在教学管理中起到至关重要的作用，但由于民办高校教学秘书的工作性质通常定位为"辅助性、服务性"，工作内容简单，没有技术含量，因此，在人力资源部，甚至是学校领导都没有给予教学秘书足够的重视，通常会将教学秘书归类为"办事员、联络员、管老师的老师"等，其待遇和地位也不能与专职老师相提并论。并且，教学秘书在民办高校也没有足够的职业上升空间，学校也没有专门针对教学秘书的激励机制与晋升渠道。长期以来，教学秘书工作成就感偏低，容易产生惯性懈怠，对工作没有足够的激情，从而影响工作效率。

2. 业务素质较差，缺乏必要的培训

由于人事定位和教学秘书工作性质等因素，民办高校的教学秘书来源有毕业留校、转岗人员、随调领导家属、院校领导安排的子女等，素质能力参差不齐，存在职业发展意识淡薄、服务理念滞后等问题。同时，由于教学秘书不受重视，民办高校没有专门针对教学秘书设置培训项目和培训经费，大多数教学秘书停留在"经验型""事务性"的工作层面，习惯被动接受任务，处理教学管理工作往往缺乏系统、科学和规范的工作方法，遇到问题不能及时有效地处理。

三、教学秘书工作优化策略

提高民办高校教学秘书工作效率，除需高校领导给予足够重视和人事部门岗位设置优化等外部因素外，更多是教学秘书自身从内在提升自我综合能力。

（一）统筹兼顾，合理安排工作时间

教学秘书的工作是一项计划性强、内容烦琐且具有时效性的综合服务性工作，科学、有效地利用工作时间可直接提高工作效率和质量。教学秘书可在了解民办高校教学管理规律的基础上，结合每学期的常规教学工作具有阶段性、重复性的特点，设置时间安排表，提前准备相关工作，如常规学期和实践学期排课等需在前一学期预先安排好。对于同一时间需完成的工作，分清轻重缓急，合理安排时间，做到统筹兼顾、科学有序。如学校下达的紧急任务，第一时间传达到各系，并要求按照时间节点及时反馈，其他工作可利用零碎时间进行处理。同时，可设置工作备忘，将一定时间内的工作进行梳理，登记工作内容和时间，防止缺漏，以此提高工作效率和质量。

（二）主动学习，提升综合素质

传统观点认为教学秘书的工作没有技术含量，全凭工作经验和工作习惯，配合其他部门完成任务，但随着社会对高等教育要求的提高，教学秘书不再只是"跑腿、打杂"，更应是高等教育改革中不可或缺的一员。现代教学秘书不仅仅需要丰富的实践经验，还需具备扎实的理论基础和学识水平，化"被动执行"为"主动配合"，对获取的信息进行筛选和分类，为学院领导提供及时、完备、有效的信息，所以民办高校应多渠道、多方式地为教学秘书提供培训、交流的机会，在经费支持上适当倾斜。例如，在校内组织各学院教学秘书交流，学习借鉴先进的工作方式；组织教学秘书定期参加校外关于人际关系学、秘书学和高等教育学等方面的培训，提高理论水平和业务水平。教学秘书工作闲暇可提高办公软件操作熟练程度，利用软件的强大功能提高工作效率，应积极自我充电，更新知识，适应教学改革的变化。

（三）与时俱进，教学管理引入新媒体运用

"新媒体"是建立在互联网与计算机信息处理技术基础之上，发挥传播功能的媒介总和。随着教育教学改革和现代教育教学技术的更新换代，民办高校的教学管理必须适应信息化、数字化和智能化的基本要求，而作为教学一线的教学秘书也必须运用新媒体实施专业化的教学管理。如利用公共媒体平台和自媒体手段加强信息交流与共享，拓宽信息采集范围和渠道，微信公众号、校园网等除可实时发布各类教学活动信

息外，还可进行交互式沟通、信息数据分析等，以此提高信息处理和反馈的速度。熟练使用教务教学管理系统、毕业实习和论文管理系统、办公系统和数据库等现代管理软件，利用信息化等手段为教学管理提供更多资源，协调工作，将烦琐的工作整合成模块，更便捷、及时地处理任务，在提高工作效率的同时，保证教学管理质量，促进教学工作良好有序地运行。

（四）爱岗敬业，提升工作成就感

教学秘书的工作计划性强、工作内容烦琐，爱岗敬业是教学秘书对工作始终保持激情的首要条件。作为一位优秀的教学秘书，首先要从思想上认识到本职工作在整个教学管理中的地位和作用，肯定教学秘书工作在民办高校教学发展中的重要性；其次要树立对岗位的责任心和积极心，将"大爱做小事"的理念投射到细致入微的日常工作中，积极主动地服务于领导、教师和学生，如每天利用时间梳理近期工作的缓急，利用软件（如用 Python 设置微信提醒备忘录），使各项工作有迹可循。

总之，教学秘书在民办院校教学管理可持续发展中起到至关重要的作用，民办教学秘书应不断完善自我，促进自身工作效率与工作质量的提升，在整个民办高校教学管理中发挥最大能量。

参考文献：

［1］余红平，雷鸣. 秘书信息工作实务［M］. 重庆：重庆大学出版社，2010.
［2］刘延峰，李献军，赵月斋. 高校二级院系教学秘书工作探析［J］. 科技风，2019（2）：66–67.
［3］陈时高. 高校二级学院教学秘书的管理育人工作［J］. 高校管理，2011（8）：184–185.
［4］王哲. 高校教学秘书岗位胜任力模型构建思路与途径［J］. 理论研究，2019（2）：27–29.

面向生活世界："综合英语"课培养学生批判性思维能力的切入点

刘 华　冯晓玲　伍齐珊　戚萍萍

摘要：外语教育只有面向生活世界，才能让语言成为学生思想的组成部分。面向生活世界，"综合英语"课对学生批判性思维能力发展的可为之处在于：由词义出发关照生活事件，培养学生的整体语言观；基于文本的生活事件分析探讨，帮助学生形成解决问题的思路；基于文本，利用学生生活经验之外的生活事实重塑学生的思维品质。
关键词：生活世界；外语教育；综合英语课；批判性思维能力。
作者简介：刘华，四川遂宁人，广东外语外贸大学外国语言学与应用语言学硕士，广东东软学院外国语学院副教授，研究方向为语言教学、翻译。冯晓玲，广东湛江人，华南师范大学英语教育专业，广东东软学院外国语学院讲师，研究方向为英语语言文学。伍齐珊，湖北恩施人，湘潭大学管理学硕士，广东东软学院外国语学院讲师，研究方向为英语教育、教育管理。戚萍萍，河南新乡人，河南师范大学英语语言文学专业硕士，广东东软学院外国语学院讲师，研究方向为英语教学。

　　21世纪第2个10年之末，信息技术革命颠覆了信息呈现方式、学习方式和人际交往方式，外语教育也实现了传统课堂有限时空的活动与无限网络资源的对接。按说这样的变化本该带来学生思维活动的空前活跃和思维能力的极大提升，然而，我国外语教育依然未能改变这样一个尴尬的现实：迄今外语课程依然"重技术训练，缺乏思想训练"，并且"很多学习内容远离学生的内心世界与认知体系"，"严重挫伤了学生的学习兴趣、欲望与积极性"，因此致使学生批判性思维能力不足。不能培养批判性思维能力，外语教育则无法适应时代的要求。如何解决这个问题呢？撇开别的因素不论，从教学的角度看，笔者认为，专业英语必修课之———综合英语大有可为。下面笔者立足于"生活世界"与教学的关系，提出综合英语课程培养学生批判性思维能力的几点思路。

一、"生活世界"与教学

　　"生活世界"是现象学大师胡塞尔（E. Husserl）晚期思想的一个主要范畴。在胡塞尔看来，生活世界是指："自然而然的世界，在自然而然、平平淡淡的过日子的态度中，我们成为与别的主体的开放领域相统一的、有着生动作用的主体。生活世界的一切客体都是由主体给予的，都是我们的拥有物。"胡塞尔把生活世界分为"日常生活世界"和"原始生活世界"。前者指"作为唯一实在的、通过知觉实际地被给予的、被经验到的世界",后者则是指一种主观的先验的世界。生活世界具有奠基性、直观性、主观化等特征,它是从人本出发、由人主宰的。

由于理性主义对近代科学的宰制,人们盲目崇尚工具理性和实用主义而忽略了人之为人的根本,因而陷入精神困顿和道德危机,生活世界成了"自然科学的被遗忘了的意义基础"。为了挽救这种危机,哲学家胡塞尔为欧洲人开出了"回归生活世界"这剂药方。他认为,生活世界是重构科学世界的基础境域,"一切可设想的过去的哲学和科学的问题应从这个基础出发来提出和做出决定"。所谓"回到生活世界"是指直接地回到日常生活世界,间接地、最终地回到原始生活世界。

当中国教育者与胡塞尔的"生活世界"相遇,他们从"生活世界"这个概念里看到了打破机械理性主义知识决定论的曙光。因而,自20世纪90年代至今,让教育"回归生活世界"的呼声在中国不绝于耳。中国教育者们借这个概念来阐发他们对教育如何尊重并且唤醒师生的生命体验和价值追求、如何发挥师生主体作用等方面的认识和感悟,有力地推动了教学改革。

在关于教育与生活世界关系的探讨和争鸣中,我们发现,虽然中国教育者们对生活世界的认识各有分歧,对教育"如何回归生活世界""回归怎样的生活世界"等问题的理解也不尽相同,但他们的探讨对于我国的教学改革有着非同寻常的启示意义,具体如下。

(一)生活世界是教育活动取之不尽的资源库,教育不能背离生活

生活世界是人类文明的产物,是人们获得经验、共识的场所,它为人们的交往"提供大规模背景共识之支持"。人们在社会化过程中,从生活世界获得自己生存所需的技能和经验,又基于各自所有的技能和经验丰富了社会生活的内涵,推动着社会的发展。书本知识来源于生活世界,培养人、改造人的教育活动是植根于生活世界的,学校教育的成果最终由生活世界加以检验。那么,从生活世界中汲取素材,为教学活动提供丰富而合理的背景支持,教学内容就具备了现实依据,不再是象牙塔里的呓语。罔顾生活的教育是对生活世界的背叛。

(二)教学生活是生活世界的组成部分,关照学生的生命体验是教育伦理的根本所在

在生活世界中,人类从事的任何活动都是身心共在、内外一体的体验性活动,"所有外力如果不通过自我的内在转换根本就不能起到真正的作用"。教学生活是生活世界的组成部分,如果教学活动罔顾学生直接的生活经历和生命体验,学生感受不到课堂发生的一切与其自身的关系或者意义所在,他们就无法过好当下的课堂生活,由此造成他们精神委顿,那么,就不可能激发其所具有的潜力,也不可能促成其知识

经验的升华。就此而言，只有以善的手段让学生能动地舒展生命的活力、释放生命的能量，学生的思维才能更活跃，理解方能透彻。

（三）秉持面向生活世界的动态知识观是促成学生经验重组和思维发展的根本保证

教学世界是生活世界的一种特殊形式。从生活世界出发去认识教学世界，首先必须秉持动态的知识观，因为，虽然知识事实是静态的，知识的运用则必须基于特定的社会情境和已有的经验，"通过理性思维对知识信息进行归纳、整合、改造、重构"，最终形成个性化的解决方案。在这个过程中，经验参与和独立思考缺一不可，没有什么一成不变，生活实践的常态即如此。

那么，秉持动态的知识观看教学，课堂里发生的一切就是一个个鲜活的生命与文本在课堂空间中交互作用的生活状态。在这种状态下，师生从各自的生活经历出发，直面文本昭示的生活事件，作为事件的参与者对问题予以关注、探索并且采取行动，同时，作为思考者反省自己参与的经历。这样的过程集真实的体验、知识的融合、经验的交流和思想的交汇于一体，有助于他们在知识建构与生活体验的过程中重塑自我，培养独立思考能力。

至此，有人会问，教育与生活世界的关系毋庸置疑，那么，外语教育与生活世界的关系怎么理解呢？首先，外语教育属于人文学科，人文学科思想的起点与终点原本就根植于生命本身具体的、历史的、活生生的经验。其次，人文学科为捕捉意义而采取的是体验、评价和审美的理解论方法。外语教育以语言为核心，引导学生在解读各种文本的过程中使用语言表达特定生活情境中的切身感受和价值意义，其教学目的和手段合二为一，相较于其他学科，它与生活世界的关系更为密切。因此，外语教育只有面向生活世界感受语言、参透语言，使之内化，才能让语言成为学生思想的组成部分、成为学生阐发人生意义，并对他们有用的工具。

二、面向生活世界的"综合英语"课程教学与批判性思维能力培养

在我国专业英语教育中，"综合英语"课程是一门奠基课，既要传授系统的语言知识，又要培养语言技能、语言运用能力、批判性思维能力和解决问题的能力。从这门课出发，教会学生面向生活世界，塑成良好的思维品质。这样，人类长期生产生活实践凝结的智慧结晶才能化为语言专才思想的武器。那么，综合英语如何能够实现这样的目标呢？

（一）由词义出发关照生活事件相关要素彼此间的关系，以便培养学生的整体语言观

传统综合英语课中的词汇教学只是让学生孤立地记忆和操练词组与语汇，学生只

会死记硬背词的字面意思，从不深究词汇背后的内涵。而英语词汇通常变化无常，语境不同则意义不同，仅靠死记硬背往往不得要领。例如，《新编英语教程4》第12课"Gettysburg Address"中有一句话，"The world will little note, nor long remember, what we say here, but it can never forget what they did here."乍一看，学生想当然会把"The world"翻译为"世界"，但这个词与"remember""forget"等动词组合在一起，翻译成中文，意思不合逻辑。只有认识到"remember""forget"的主语是人，"The world"的含义在此理解为"世人"，才符合语境。这个例子说明，词的意义不是它的自足可以确立的。

意义实则是主体对人与世界关系的体认和领悟。综合英语课如果教会学生基于文本进行意识上的通察，通过对语义环境的认知打通一个词与其相关的生活事件的关联，他们就不会一叶障目、望文生义，而会随着事易时移，调动理性思维活动把握理解中的关节点。形成了整体语言观，他们的思想就有了以生活事实为基础的物质储备，他们与他人的交流才可能言之有物。

（二）基于文本昭示的生活事件分析问题，帮助学生形成解决问题的思路

终日的校园生活，学生少有机会触及生活的实质，也无从探知生活世界的深广。面对"综合英语"课程文本呈现的生活事件，教师提出一系列相关问题，要求学生以文本给出的生活事实为依据，形成对特定人/事的看法，最终提出自己解决问题的办法。

例如，《新编英语教程4》中第一单元"This Year Is Going to Be Different"是一篇叙述文，笔者立足于课文主人公将新年愿景付诸实施却劳而无功，最终与家人不欢而散的一系列事件，要求学生剖析主人公的性格缺陷，所做的教学设计如图1所示：

Unti 1 This Year Is Going to Be Differernt 教学设计
《新编英语教程4》

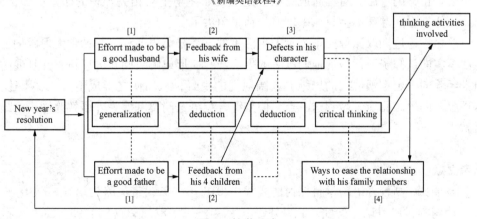

图1 教学设计

在整个过程中（如图 1 所示），除了头两个环节（对课文描述的生活事实进行梳理），其余活动都需要学生开动脑筋结合自己对父母关系和人性的体验给出相应的理解、评价和看法。相关设计涉及的思维活动由简到繁，层层递进，涉及归纳概括、推理演绎和批判性思维。在整个活动中，学生是其自身唯一的代言人，他们的表达基于自身的真情实感，为自己的思想表达而言说，他们所经历的语言事件也是其生活经历和思想认识的组成部分。

更为重要的是，该教学设计的每一项活动都以前一项活动的结论为基础，形成了环环相扣、彼此照应、结构完整的问题解决程序链。这样的探讨使学生认识到，生活中大多数问题的解决绝非由此及彼的直线运动，而是需要基于事实检视、透析与问题有关的关键要素并关照其间彼此关系的复杂运动。只有养成讲证据求佐证的解决问题的习惯，才不会浮于表面认识问题，所表达的思想才不会形神俱散。

（三）基于文本利用学生生活经验之外的生活事实重塑学生的思维品质

习惯了传统教学法的学生往往奉书本为上，对老师讲的内容不假思索地照单全收，缺乏变通能力，这样的学习没有意义。事实上，只有预料之外的东西才能给人增加新知识，所以真正的经验只能是否定意义上的经验。用"综合英语"课程文本中与学生生活经历不相关的内容让学生进行讨论，学生可在论证的过程中认识人类知识的局限性，摒弃一成不变的知识观，促成独立思考能力的发展。

例如，《新编英语教程 4》第 4 单元 Text B 中作者提到，"Laws are bad weapons in the fight to protect privacy（法律不是保护隐私的理想武器）"。一些学生觉得这句话有问题，通过讨论，有学生指出，被侵犯的女孩就算走法律程序赢了官司，个人隐私被曝光，还是无法抚平内心的伤痛这样一个残酷事实；还有学生给出了家庭主妇遭遇家庭暴力无力用法律武器维权的事例。这些观点都颠覆了学生平时想当然认为法律就是维护公平正义的看法。对已有成见的否定，反而使学生对相关知识的印象更加深刻，由此，他们看问题就不会只执一端、死钻牛角尖了。

总之，通过撷取课程文本昭示的生活事件，综合英语课程可帮助学生促成词汇与生活事实的认知统一，激活他们已有的生活经验，形成解决问题的思路，并且通过对自身经验的否定重塑他们的思维，开阔他们的视野，从而使之形成不盲从、不迷信、以理服人的思维品质。做到这一点，便是综合英语这门奠基课为外语教改做出的最大贡献了。

参考文献：

［1］马丽娟. 高校外语跨学科探讨的实践：2018 年"'一带一路'语言·文化·翻译跨学科研习班"纪实［J］. 外语电化教学，2018，183（5）：95.

［2］谭业升. 中国外语教育问题的症结与出路：记"第三届中国外语战略与外语教学

改革高层论坛"［J］. 外国语，2015，38（1）：107－112.

［3］王银泉. 从国家战略高度审视我国外语教育的若干问题［J］. 中国外语，2013（2）：13－24，41.

［4］杨浩强，贺艳洁. 对"教育回归生活世界"的再思考［J］. 教育与教学研究，2012（2）：30－34.

［5］潘斌. 论教育回归生活世界［J］. 高等教育研究，2006（5）：7－12.

［6］赵明鸣. 从现代性到生活世界：现代教育理念的理论进展［D］. 南京：南京师范大学，2008.

［7］张杨. 教育回归生活世界研究综述［J］. 大庆师范学院学报，2006，26（6）：147－150.

［8］林存华. 教育世界与生活世界：从"隔离"到"融通"［J］. 教育理论与实践，2004，24（10）：1－5.

［9］王慧霞. 面向生活的有效课程策略研究［J］. 贵州师范大学学报（社会科学版），2010（2）：105－110.

［10］刘晓伟. 消解与建构：对"教学回归生活世界"论争的思考［J］. 课程·教材·教法，2007，27（2）：26－30.

［11］邹红军，杨伦，柳海民. 教育：个体建构意义世界的民主生活：杜威教育哲学的生活之维［J］. 教育理论与实践，2018，38（10）：3－7.

［12］刘淑敏. 从加达默尔（Hans-Georg Gadamer）哲学诠释学观点谈通识课程教学的应用［J］. 止善，2009（6）：77－88.

［13］李松林. 论回归生活世界的教学论变革［J］. 华东师范大学学报（教育科学版），2005，23（1）：16－21，43.

［14］丁怀超. 意义与诠释［J］. 安徽大学学报（哲学社会科学版），1997（4）：81－86.

［15］任志安. 理解与历史：伽达默尔的真理观［J］. 黑龙江社会科学，2006（6）：63－67.

基于移动云教学平台的学情数据分析实证研究
——以"动态网站设计"课程为例

刘云鹏

摘要：在"移动互联网+"时代来临之际，切实开展真正的翻转课堂教学，将会开启大数据时代高等教育教学改革的新天地，每个教师都可以是自己课堂的大数据生产者。本研究通过移动学习环境下，开展云班课进行"动态网站设计"课程的混合式教学实践，并通过云班课收集的详细数据，利用"Datahoop"大数据分析平台，对学生的学习状况进行分类，分析学生的学习动机，探索基于网络的学生学习心理，为教师开展网络教学、制作满足学生需求的课程资源和学生考核管理办法等提供数据和理论支撑。

关键词：云教学；学情数据；教育数据分析；聚类分析。

作者简介：刘云鹏，甘肃兰州人，讲师，研究方向为教育经济与管理、大数据与统计分析、信息化教育。

一、前言

"大智移云"时代的高等教育，提高教育质量必然是重中之重。保证课堂教学质量、提升学生的综合素质更是教育信息化发展的核心目标。而教育领域的大数据研究，更应该追本溯源，努力在学科本位、知识本位、课程本位上利用大数据技术与方法，深度解析学生的课堂表现与学习效果，并分析学生的学习动机，从而产生积极的教育影响，帮助教师挖掘教学过程中潜在的影响因素，并加以针对性的改善。

二、研究方法

（一）教育大数据在学情方面的相关研究

2012年，美国智库布鲁金斯研究院 Darrell M. West 最早提出，在教育领域中，可通过收集学生使用、互动信息和课程信息获取相关的教学数据，如分类（systematic）

数据、实时（real-time）数据、利用数据监管（data curation），高校行政部门可以获知相关教育管理信息，从而进行预测评估学校的各类教学信息，并通过数据可视化的方法，直观地显示给教育决策者以及教师，以便取得进一步的教育决策，最大化地监控学情。同年，美国教育部发布了《通过教育数据挖掘和学习分析促进教与学》（*Enhancing Teaching and Learning Through Educational Data Mining and Learning Analytics*）提出了教育领域数据挖掘的四个范式目标，即：①开发学习者范式，通过学习者的知识体系结构、学习动机、元认知、学习态度来构建范式，并预测学习者的学习状况及未来成绩；②开发相关课堂教学范式，最大化优化教学内容和教学方法；③开发各类教学软件运用范式，方便教育数据的采集；④综合考量学习者、课堂教学、软件运用等，构建大数据时代的有效学习范式。

在以上范式目标下，教育大数据的研究主要可以采用以下几种方法：①趋势分析（prediction）。通过历史数据进行多个变量的预测模式，如研究者通过在线学习环境中学习者参与在线讨论的情况、测试情况等，预测学习者在该门课程的学习中是否有失败的风险。②聚类分析（clustering）。根据数据特性，将一个完整的数据集分成不同的子集，例如，研究者根据学习者在在线学习环境中的学习能力、交互模式等，将学习者分成不同的群组，进而为不同的群组提供合适的学习资源和组织合适的学习活动。③关系挖掘（relationship mining）。探索数据集中各变量之间的相关关系，并将相关关系作为一条规则进行编码，例如，研究者利用关系挖掘，探索在线学习环境中学习者学习活动和学习成绩的相关关系，进而用于改进学习内容呈现方式和序列，以及在线教学方法。④自然语言转化（distillation for human judgment）。用一种便于人类理解的方式描述数据，以便人们能够快速地判断和区分数据特征，该方法主要以可视化数据分析技术为主，用以改善机器学习模型。⑤模型构建（discovery with models）。通过对数据集的聚类、相关关系挖掘等过程，构建供未来分析的有效现象解释模型。

基于以上研究，本研究采用的方法主要是通过"动态网站设计"课堂教学实践中，依靠云班课软件积累的自然教学数据，通过进行趋势分析、聚类分析等方法，进行学情分析。最后再通过数据可视化，解读学情背后的学生学习动机、学习心理。

（二）数据来源

该数据选取的研究对象是2016级的两个不同专业的本科班，每班人数约为30人，并通过同一学期的混合式翻转课堂教学实践。研究对象的课程成绩是由期末成绩+平时成绩两部分构成。总成绩=期末成绩×70%+平时成绩×30%。本研究的数据来源于云班课教学的"动态网站设计"课程的两个教学班A班与B班，通过数据对比进行研究。

三、成绩趋势分析

参考国内外研究，结合独立学院"动态网站设计"的教学实际，课程团队构建了"动态网站设计"形成性评价方案。将"动态网站设计"学期成绩分为"平时考核成绩"与"期末考核成绩"两部分。比例为30%与70%。前者包含9项活动，分别为：非视频资源学习10%，签到10%，测试15%，讨论答疑5%，头脑风暴5%，投票问卷10%，作业/小组任务15%，课堂表现15%，被老师点赞加分5%。

通过期末成绩分布表，我们可以看出A班的学生成绩与B班的学生成绩略有不同，A班成绩较为发散，B班成绩较为集中。为研究这两种分布现象是什么原因造成的，有必要对两个班进行更进一步的研究。如表1所示。

表1 A、B班成绩分布

分　　数	A班人数	B班人数
100～90分	35	1
89～80分	29	40
79～70分	3	26
69～60分	1	5
59分及以下	4	7

四、学情分析

为挖掘两个班的学情，利用云班课导出的学情数据，需要选取有代表性的多个指标，通过聚类，尝试找到影响学生学习成绩的潜在因素。数据采集的经验值和期末成绩通过简单的回归分析，可以得到简单回归分析的两个教学班的指标，如表2所示。

表2 A、B班成绩分布

项　　目	A班	B班
回归方程	$y = 0.0194x + 83.16$	$y = -0.0051x + 81.955$
R^2	0.10	0.00

依据表2可以看出，建立线性回归方程无统计学意义。需要引入新的方法，也就是聚类法。本研究利用当下流行的大数据SAAS平台"DataHoop"来进行聚类测算，该平台的优势是内置丰富的数据分析和数据挖掘算法，能实现算法参数的自动调优和升级，同时包含了适合中国国情的行业应用模型。首先利用云班课导出的学情数据可以看出课堂经验值的主要构成如表3所示。

表3 A、B班经验值分项列表

项目名称	非视频资源学习	签到	测试	讨论答疑	头脑风暴	投票问卷	作业/小组任务	课堂表现	被老师点赞
比例	10%	10%	15%	5%	5%	10%	15%	15%	5%

依据DataHoop检验报告（DataHoop可以在分析时默认进行标准化处理）可以看出，A班数据通过因子分析转置后产生的新的变量F1、F2贡献率分别为0.57与0.21；B班数据产生的新的变量F3、F4分别为0.56与0.13。并对数据进行聚类分析，根据聚类结果分析每一类客户在现有变量上的特征。这里选取平均值作为参考依据，得到聚类分析描述结果为：

依赖于"云班课"软件的数据，在当前成绩下，将两个班151名学生作为研究对象，我们在DataHoop上进行了K-means聚类分析，依据检验报告的结果，可将学生依据课堂活动的指标，分为三类。研究结果如表4所示。

表4 A、B班相经验值分相关系阵（平均轮廓系数为0.67）

类别	1	2	3
样本个数	24	108	19
头脑风暴	-1.25	0.25	0.15
讨论答疑	-0.8	0.41	-1.34
同学点赞总经验值	0.42	0.25	-1.97
被老师点赞经验值	-0.35	-0.10	-0.08
课堂表现	-1.54	0.35	1.03
非视频资源学习	-1.71	0.32	0.32
课堂测验得分	-0.98	0.37	-0.9
讨论答疑	-0.40	0.15	-0.37

第一类学生，样本数24人，在课堂活动中，各项课堂活动得分均较其他两类学生更低，这部分学生课堂活动参与不积极，但"同学点赞总经验值"这项指标最高。也可以认为在翻转课堂的教学场景下，开展的学生互评存在主观性，学生互评阶段的分数存在打"同情分"，打"感情分"因素的情况。由此可知，"点赞经验值"此项指标在该课程的学生互评过程中并不客观，需要教师设计合理的学生评价指标和统一规范的打分机制。

第二类学生，样本数108人，作为人数最多的类别，各项活动得分比较高，意味着翻转课堂的教学情境下大多数同学在实际教学中都能积极、按时地完成各项课堂活动，并达到考核标准。但由于人为主观因素，也可能造成经验值与成绩稍有偏差，但总体偏差不大。

第三类学生，样本数为 19 人，通过研究，可以发现该类学生在"讨论答疑"和"同学点赞总经验值"这几项的得分都很低，但是在"课堂表现""非视频资源学习"与"被老师点赞的经验值"指标处，得分都很高。通过个案研究与访谈发现，该类同学属于"学习成绩优秀"的学生，在翻转课堂的学习中，应当充分发挥课堂中榜样的力量，并在课堂活动中增加"答疑解惑"指标项的得分权重，鼓励更多学生能积极主动地在学习过程中相互帮助，从而形成借助翻转课堂与移动云教学平台创建、积累、完善和分享知识的全新模式。

通过以上研究我们可以发现，在翻转课堂中，利用"云班课"获得经验值与学习成绩并不直接相关，是由于经验值的获取来源较多，并且其中某些指标得分较为主观，不能直接用作平时成绩，或可经过加权处理后使用。另外，翻转课堂中的教学评价，虽然可以参考"云班课"软件设定的各种课堂活动作为评价指标，但其中的指标应当区分为"评价性指标""活动性指标"，以便在成绩评定时加以区分，使评价更加客观。

五、结语

基于云班课（Mosoteach）App 的"深度学习"过程，结合软件提供的功能，使教师、学习者、学习伙伴之间形成交互式的复杂关系，并能为学习者提供多样化的教学资源与进阶式学习的途径，能为教师评价与学习者自我评价或互相评价建立通道。伴随整个"深度学习"的过程，产生了一系列有益于促进"深度学习"的追踪式评价数据。能充分激发学习者的内在主动性，使之以反思、质疑、批判的理性态度对新旧知识不断分析、整合。同时，促进学习者的表达、沟通，并不断进行新知识体系的建构和更新，也让"深度学习"这一过程得以持久延续。

大数据带给我们的是颠覆性观念转变：是所有数据，而不是随机采样；是主体方向，而不是个别精确；是关联关系，而不是因果关系。学情的分析，除了数据的分析及支撑外，还需要我们立体地、多角度地分析学情结果，这样才能更有针对性地对学生进行个性化的教学。我们的教育要让每一个学生都得到成长，并感受学习的快乐。

参考文献：

[1] Big Data for Development：Challenges & Opportunities [DB/OL]. [2012-05-01]. http://www.unglobalpulse.org/sites/default/files/BigDataforDevelopment-UNGlobal PulseJune 2012.

[2] BAKER, R S J D. "Data Mining for Education." In International Encyclopedia of Education, 3rd ed., edited by B. McGaw, P. Peterson, and E. Baker. Oxford, UK：Elsevier, 2011.

"十大"育人体系下的高校学生工作探索

彭建辉

摘要：高校学生工作的管理服务与教育部门是"十大"育人体系的重要推动者和实施者。本文基于"十大"育人工程，创新学生工作模式，实现学生自我管理、自我服务、自我教育、自我成长。

关键词："十大"育人体系；学生工作；高校。

作者简介：彭建辉，湖南双峰人，硕士，讲师，研究方向为思想政治教育、心理健康教育、职业规划等。

一、"十大"育人体系的含义及特点

2017年12月4日，中共教育部党组发布《高校思想政治工作质量提升工程实施纲要》（以下简称《实施纲要》）。《实施纲要》是提升高校思想政治工作质量的顶层设计，提出充分发挥课程、科研、实践、文化、网络、心理、管理、服务、资助和组织"十大"育人功能，挖掘育人要素，完善育人机制，优化评价激励，强化实施保障。切实构建课程育人、科研育人、实践育人、文化育人、网络育人、心理育人、管理育人、服务育人、资助育人、组织育人十大质量提升体系。

"十大"育人体系下的高校育人要全面统筹办学治校各部门、教育教学各环节、人才培养各方面的育人资源和育人力量，从体制机制完善、项目带动引领等方面进行系统设计，实现各项育人工作的协同协作、同向同行、互联互通，真正"打通育人最后一公里"。要通过挖掘各大组织、各部门、各岗位的育人元素，打通高校思想政治工作存在的盲区、断点，真正把各项工作的重心和目标落在育人效果上，不断提升工作科学化水平。

"十大"育人体系是可持续的、人文的、多样化的育人体系。"十大"育人体系着眼于发现学生的潜能，以学生未来的可持续发展为出发点与归宿点，为学生的终身发展奠定基础，实现"以人为本"的理念。同时，关注影响育人方面的各个层面，实现全方位育人、多层次育人、多部门协同育人。

二、"十大"育人体系对学生工作的意义

（一）高校学生工作适应育人内容的变化

课程、科研和文化是高校育人的重要内容。在课程育人上，传统学生工作模式中的高校学生工作者一般兼任思想政治教育或其他通识课程的教师，往往照本宣科，教学内容脱离了现实生活和其他知识体系，教学手段单一，教学形式乏味。学生学习动力不足，教学与育人效果不明显。"十大"育人体系下的学生工作模式要求在课程教学上要进行改革，增强思想政治教育与各种知识教育的融合，推进教学改革内容，改进教学方法，改善教育手段，提高思想政治教育课的感染力和亲和力，促进思想政治教育课的实践教学。

在科研育人方面，过去注重学生的学术成果和成绩，学术诚信没有受到足够的重视。"十大"育人体系下的科研育人要求注重学生科研的过程和学术道德，学生在学术研究上树立正确的政治方向、价值取向、学术道德和端正学术态度。

在文化方面，过去高校开展的校园文化一方面偏向潮流的、娱乐性、趣味性的文体活动，另一方面紧贴专业学术、就业前景等方面。新时代"十大"育人体系要求，在文化育人方面，需要开展优秀的传统文化教育，弘扬社会主义核心价值观，将思想政治教育融入校园文化建设。

（二）高校学生工作适应育人载体的多样化

实践、管理、网络、服务是新时代高校育人的重要载体。以往高校学生工作的主要育人载体是课堂、校外实践活动及各种学生管理。新时代育人学生工作的育人载体更为多样，在实践育人要求"知行合一"，理论联系实际，创新实践形式，丰富实践内容，树立家国情怀。

高校的学生管理与服务要以学生为中心，让学生主动参与学生管理。"十大"育人体系下的学生工作模式必然要求大力推进新媒体平台建设和推广，推动传统育人优势与信息技术的高度结合，实现新形势下的高校网络育人目的。

（三）高校学生工作适应学生工作育人路径和方法的创新

心理、资助和组织是高校育人的路径和方法。传统学生工作育人主要侧重于通过学生管理来实现，通过对学生的法律法规教育、校规校纪教育、奖惩教育、先进典范教育等实现育人功能；而"十大"育人体系下的学生工作模式要求育人路径和方法必须是多维度、全方位的，大力促进心理育人、资助育人和组织育人的全面结合。在强化传统管理育人，健全依法治校、管理育人制度体系的同时，深化服务育人，加强

对学生的人文关怀、心理情绪疏导，关注学生的成长与发展。坚持育心与育德相结合，在服务学生、关心学生、帮助学生中教育人、引导人。全面推进资助育人，把"扶困"与"扶智"相结合，帮助困难学生更好地学习知识和技能，更好地实现就业。把"扶困"与"扶志"相结合，鼓励学生勇于面对困难，做到贫穷不失志。

三、"十大"育人体系下的高校学生工作的探索

（一）优化学生工作机构设置与队伍建设

按照"十大"育人体系，需要优化学生工作机构设置。传统高校学生工作的模式主要以学校学生管理部门学生处和二级学院（系）学生管理队伍即辅导员队伍为主。每一个辅导员实施包干制负责自己所管理的学生，每个辅导员都是"全能型保姆"，工作大同小异。这样既不利于辅导员的专业化发展，也不符合新时代育人要求。"十大"育人体系下，学生工作的机构按照"十大"育人体系重新设置，辅导员结合自己所学专业和特长可分属到各机构。以广东东软学院信息管理工程学院（以下简称"信工学院"）为例，信工学院党总支下设学风建设中心、心理健康与资助中心、社会实践与职业指导中心、新媒体中心，辅导员分属各中心，学生工作通过这几大中心开展育人工作，成为学校整体育人体系中很重要的一环。

（二）完善和发展学生自治组织

按照"十大"育人体系，需要完善和发展学生自治组织。大学生大多面临由学生向社会人角色转型的过程，面对飞速发展的经济社会，大学生唯有尽快实现从依靠父母、老师，转化为独立自主地生活、学习和工作，为实现自己的人生价值与社会价值而学习与提升自我，才能更好地适应社会，顺应时代发展。此外，随着学生民主意识的增强，学生也更加愿意参与学校的各项工作，尤其是关系到学生切身利益的工作。传统学生组织主要是共青团基层组织领导下的学生会、学生社团等，开展的学生活动多为学术类、兴趣类娱乐活动和社会公益服务类活动等。学生参与学校管理较少，思想政治教育性质的专业社团缺乏。"十大"育人体系下，要充分挖掘育人载体，高校学生工作者在日常教育管理服务中，搭建学生自治平台，引导大学生自我管理、自我服务、自我教育和自我成长。例如，信工学院成立了党群服务队、学生事务中心等学生自治组织。这些自治组织既能充分发挥学生党员和学生骨干的先锋模范作用，更是组织育人的重要体现。

（三）发展新媒体，构建线上育人与线下育人相结合的育人体系

网络已经成为学生不可或缺的学习、生活、工作和娱乐的重要途径，学生工作也

需要与时俱进,要把网络建设成为高校育人的主阵地。以信工学院为例,信工学院自成立以来就非常重视新媒体的建设和发展,成立了面向学院学生服务的学生事务中心微信公众号,之后又升级成为全院师生的微信公众号"Neusoft 信工之声"。在微信公众号建立了学生管理与服务、心理咨询、学生资助、党团建设、职业指导等模块,成为线上服务和育人的重要途径。

总之,"十大"育人体系下的育人模式对传统高校学生工作模式提出了更高、更具体的要求。新时代的学生工作要在习近平新时代中国特色社会主义思想的指导下,全面围绕"十大"育人体系,进行全员、全方位、全过程育人。高校学生工作是高校育人最重要的主体和依靠力量,新时代高校学生工作模式需要优化学生工作机构设置,加强队伍建设,完善和发展学生自治组织,构建线上育人和线下育人相结合的体系,达到育人效果。

参考文献:

[1] 彭建辉,李胜珠. 一体化育人体系下的高校学生工作思考 [J]. 汉字文化,2018 (21):123-124.

[2] 穆成银. 新时代大学生"十大"育人体系的研究 [J]. 管理观察,2018 (34):133-134.

[3] 中共教育部党组.〔2017〕62 号文件,中共教育部党组关于印发《高校思想政治工作质量提升工程实施纲要》的通知 [A/OL]. (2017-12-05). http://www.moe.gov.cn/sycsite/A12/s7060/201712/t20171206-320698.html.

[4] 卫振华. 高校复合型人才培养课程体系改革和课程建设研究 [J]. 教育现代化,2017 (25):22-23.

[5] 符惠明. 创新学生工作模式提升学生工作质量 [J]. 高校辅导员,2013 (2):8-10.

[6] 林春. 高校一体化育人体系的理论思考与实践探索 [J]. 内蒙古师范大学学报(教育科学版),2010 (3):38-41.

新建本科院校质量保障体系构建
——以广东东软学院为例

邱俊义　朱爱红

摘要：新建本科院校是中国高等教育发展的重要力量，受到国家、政府、社会的重视。新建本科院校由于建设时间短，与公办学校对比，基础相对薄弱，面临的问题也纷繁复杂，如何应对激烈的教育同质化竞争，拥有健全完善的质量保障体系是关键。本文选取广东东软学院质量保障体系构建经验为切入口，提出了要从顶层设计上革新理念、从组织建设中完善质量保障体系、从体制建设方面构建闭环的信息反馈等做法，厘清质量保障体系的构建思路，提升人才的培养能力，促使新建本科院校更好地服务地方经济与社会发展。

关键词：新建本科院校；质量保障体系；构建思路。

作者简介：邱俊义，硕士，实习研究员，主要研究方向是高等教育管理。朱爱红，博士，教授，主要研究方向是高等教育管理。

　　我国的高等教育正处于大众化向普及化过渡的关键时期，特别是进入21世纪以来，高等教育的规模迅速扩大，发展势头迅猛。教育部公布的数据显示，截至2018年，全国共有新建本科院校（含独立学院）702所，而全国普通本科院校总计1243所，新建本科院校占比高达56.47%，俨然已经成为我国高等教育的重要组成部分。"没有新建本科院校质量，就没有我国高等教育质量；没有新建本科院校强大，就没有中国高等教育强国。"

　　全面提高本科教学质量，构建高效可行的教学质量保障体系是新建本科院校应对激烈的竞争取胜的关键。早在2007年，教育部就在《关于进一步深化本科教学改革全面提高教学质量的若干意见》中强调，"高校应采用多种措施确保教学工作的中心地位，把提高教学质量工作落到实处"。本文从新建本科院校教学质量保障体系现存的问题出发进行分析，并结合广东东软学院教学质量保障体系的构建经验，以期为新建本科院校质量保障体系构建提供思路。

一、新建本科院校质量保障体系构建存在的问题分析

（一）顶层设计理念亟须更新

新建本科院校大部分走的是"先扩规模、再提质量"的路径，而伴随着学校办学层次提升以及办学规模急速扩张，学校的顶层设计往往跟不上节奏的变化。从办学定位上看，国家教育部极力引导新建本科院校向"地方性、应用型"转变，但不少院校忽视自身的办学能力与核心竞争力，一味追求"高层次"，主张办综合性大学，无法彰显自身的办学特色，因此，在教育同质化的激烈竞争中逐渐面临淘汰。从指导思想方面观察，"以学生为中心"的办学理念虽然是新建本科院校的共识，但从很多高校来看，这一理念并没有得到最终的落实，不少高校课堂教学中仍然没有完成从"以教为中心"到"以生为中心"的转变。从人才培养角度而言，不少新建本科院校存在闭门造车现象，没有根据区域经济社会发展以及产业结构调整的需求，及时修订人才培养方案，导致所培养的人才与社会的需求脱轨。

（二）教学质量保障机制有待健全

从学校的组织架构上来看，大部分的新建本科院校基本设立了校级质量监控与管理部门，以确保学校教学质量保障体系的良好运转。但是，从学校教学质量保障体系的实际运行与管理角度来观察，新建本科院校的教学质量保障体系存在亟需解决的不少问题。比如，不少学校的教学质量监控与管理部门不独立，受制于教务处、评估处等部门，无法完全发挥自主性。再如，为了节省办学经费，最大限度地节约人力资源成本，大多数新建本科院校的教学质量管理部门由教务处等部门兼任，教务处兼具教务运行与质量管理双项职能，容易出现责任不明、评价不公的现象。另外，与教学质量保障和管理部门平行的教学线各职能部门极少参与学校的教学质量保障体系构建工作以及学校教学质量保障评价、反馈、改进机制不健全等。这些都是新建本科院校质量保障体系构建中的"通病"，亟需从体制机制上进行健全。

（三）教学质量监控体系仍需完善

大部分的新建本科院校均实行教学督导与质量监控管理制度，但在其具体执行的过程中，在体系构建方面，存在不少瓶颈问题有待突破。一是部分学校虽然重视对教师教材以及教学秩序的监控，但监控的覆盖范围过于狭小，缺乏对课堂教学、实践教学、毕业设计、试卷等环节监控与检查。二是部分新建本科院校对学生学习效果的监控主要立足于学业评价，过分看重期末考试而忽视学生平时过程性的考核，未能形成全方位、全学程的学业评价。三是部分学校突击性、任务性的教学质量评价流于形式，无法保证学

生评教的客观性与公平性,从而导致评教可信度不高。另外,教学信息员没有充分发挥教学反馈作用,授课教师无法获得有效的教学反馈进行持续改进等。

二、新建本科院校教学质量保障体系的构建

广东东软学院是一所新建本科院校,从 2014 年经教育部批准升格为本科高校以来,学校高度重视本科教学质量保障体系的构建工作,加强教学质量保障组织的建设,进一步完善教学质量监控体系,搭建闭环的信息反馈机制,不断提升教学质量与水平。

(一) 健全教学质量保障组织

学校坚持科学质量观和全面质量管理理念,制订了《广东东软学院教学质量保障体系实施方案》,明确学院教学质量管理决策机构、执行机构、教学质量主体、质量管理与监控等各个方面,明确职能部门、教学单位在教学质量生成过程中承担的责任与角色,并确定各部门在质量管理、监控、信息反馈、整改等质量保障过程中的工作机制。学校构建了以教务部为主体的教学运行管理平台、教学质量管理与保障部为主体的教学质量监控平台和教师发展中心为主体的教师教学能力提升服务平台,建立了"三位一体"的质量管理协同工作架构。

(二) 完善教学质量监控体系

为保证专业教学效果,确保把提高教学质量落实到教学中的各个环节,学校不断完善教学质量监控体系,在已有本科教学管理制度的基础上,先后出台《广东东软学院教学质量管理体系实施方案》《广东东软学院关于校领导集体听评课的有关规定》《广东东软学院本科专业学士学位授予质量监督管理办法》《广东东软学院毕业设计(论文)工作质量评价方案》等教学管理制度,并初步形成学院教学管理制度体系汇编目录,从制度层面为学校的质量保障体系保驾护航,进一步规范学校教师的教学行为、教学管理工作。

(三) 构建闭环的信息反馈机制

学校建立了"诊断—反馈—整改—回访"的教学质量信息反馈机制,通过教学基本状态数据、教学督导教学评价意见、第三方外部考核、专项评估报告、教学检查等质量管理工作,建立了教学质量诊断机制,并及时通过教学质量管理委员会工作会议、教学工作例会、师生座谈会、《教学督导情况周报》、《学生教学信息员教学状态反馈信息月报》、505 教学质量反馈热线等方式,反馈给职能部门和二级教学单位,

有效推进问题的改进与解决。目前，学校已初步建立起了教学质量自我约束、自我改进、自我完善的闭环式开放的持续改进机制。如图1所示。

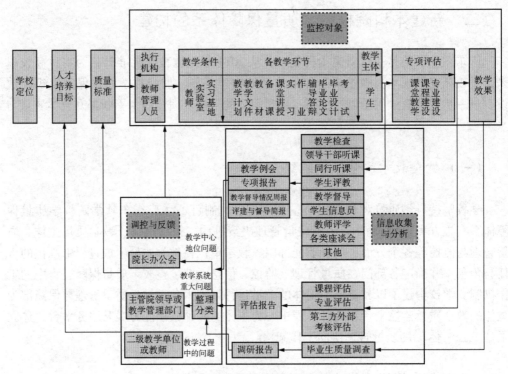

图1 教学质量信息反馈流程

三、新建本科院校教学质量保障体系的实施

广东东软学院坚持开展"四个专题、三期检查、两项评估、一个专项"检查，实现对教学质量的全过程监控和全方位评价。

（一）开展四个专题检查

学校每个教学周期会开展课堂教学、实验教学、试卷、毕业论文（设计）四个专题的教学检查与评价，对教学环节的运行与管理进行专项监控，对教学运行中好的做法进行宣扬，对各项教学工作中出现的异常情况进行纠偏，并针对存在的问题提出改进的意见与建议。

（二）执行三期教学检查

学校每个教学周期坚持执行期初、期中、期末三期的教学检查工作，对教学质量进行全面监控。其中，期初教学检查主要针对教师及学生出勤、教材到位、教师备课、课堂教学秩序等情况进行；期中重点检查教学计划执行、课堂授课、学生学习、教研活动开展、各项教学活动实施等情况；期末主要针对考试组织安排、学生考试纪律、教师阅卷、登录学生成绩、教学单位教学资料归档等情况进行检查。

（三）落实两项评估工作

学校认真落实专业评估和课程评估工作，不断提升内部监控的质量与水平。以专业为导向的趋势对学校而言既是机遇，也是挑战。学校认真学习专业评估与认证的各项事宜，积极参与"工程教育认证"以及"新工科""新商科"等。另外，教育部鼓励各高校打造"金课"，淘汰"水课"。学校响应号召，一方面，加强教师职业能力与教学手段的培训；另一方面，加强课程评估工作，落实教学督导听评课以及校领导集中听评课制度，严把"质量关"。

（四）引入一个诊断评估

学校每个教学年都会花重金，聘请行业、协会、企业的外部专家进校，对学校的人才培养与企业的需求符合度进行诊断评估。通过第三方外部专家的考核，来衡量学校的专业教学情况与社会实际需求是否相符、专业核心课程的教学质量是否能满足企业实际操作的需要，对学校人才培养质量进行客观和专业的评估，促进教学质量保障体系的不断完善。

四、新建本科院校教学质量保障体系的构建思路

（一）革新观念，突出特色

新建本科院校要构建健全完善的质量保障体系，需要从顶层设计上革新理念，彰显特色。要坚持"以本为本"，推进"四个回归"——回归常识、回归本分、回归初心、回归梦想，贯彻落实"以学生为中心"的理念，结合学校的核心竞争力，立足区域经济社会发展以及行业企业的实际需求，不断提升学校的教学质量，走适合学校自身发展的特色之路。

（二）健全机制，持续改进

新建本科院校要高度重视质量保障组织机构建设工作，构建"学校—学院—系部"三级质保联动机制，强化质量保障管理队伍建设，学校自上而下形成合力，构建全校参与、全程监控的质量管理机制。另外，进一步完善学校质保体系的各项规章

制度与管理规定，加强对日常教学环节的检查，重点监控实践教学等薄弱环节；要严格执行督导听评课与校领导听评课制度，加强学生评教与评估的管理，重视学生信息员的反馈；要加强 PDCA 循环管理法与质量保障体系的有机融合，采取措施持续改进与完善质量保障体系，构建一个相对封闭的循环。

（三）把握契机，内涵发展

国家鼓励、政府支持、社会认同，多方合力为新建本科院校的发展提供了良好的契机。但从另一个层面来看，高等教育同质化的现象也将愈演愈烈，新建本科院校不能再一味坚持"扩张"的路子，而要结合自身的实际，走内涵式发展之路，才能在激烈的竞争中取胜。因此，新建本科院校要回归办学初心，回归办学梦想，重视质量保障体系构建，不断健全质量保障机制，提高教学管理的服务与水平，不断提升人才培养的质量。

参考文献：

［1］2018 年全国新建本科院校联席会议暨第十八次工作研讨会. http://18th.xggu.edu.cn/info/1004/1062.htm, 2018.

［2］中华人民共和国教育部. 教育部关于进一步深化本科教学改革全面提高教学质量的若干意见［A/OL］.（2007－02－12）. http://old.moe.gov.cn/publicfiles/business/htmlfiles/moe/moe_1464/200704/21825.html.

［3］肖炜煌，邓琴. 应用型本科院校质量保障体系模型：以贵州师范学院为例［J］. 教育观察，2017，6（5）：47－51.

［4］侯爽. 转型发展时期应用型本科人才培养质量保障体系的构建与实践［J］. 当代教育实践与教学研究，2017（4X）：133－134.

［5］姜健伟. 高校应用型人才培养质量保障体系的探索与实践［J］. 产业与科技论坛，2017，16（5）：203－204.

［6］徐维爽. 基于职业能力视角的应用型本科院校人才培养方案修订研究［J］. 赤峰学院学报（自然科学版），2017，33（7）：198－199.

［7］熊凤，李世伟. 高校内部本科教学质量保障体系建设思考［J］. 高教学刊，2016（11）：56－57.

［8］张秋慧，刘悦，陈金，等. 应用型本科院校教学质量保障体系的关键点分析［J］. 湖北科技学院学报，2014，34（10）.

［9］刘东兴. 我国应用型本科院校内部教学质量保障体系构建研究［D］. 淮北：淮北师范大学，2014.

新建本科高校教育信息化建设存在问题及解决方案研究

李苹绣　朱爱红　刘　莹

摘要：新建本科院校在实现教学质量跨越式发展的过程中面临着机制、师资、理念等方面的困扰。实践表明，以课堂教学为突破口，从机制体制、资源与平台、教学模式、师资建设四个维度全面推进的教育信息化建设方案对新建本科院校显著提升学科教学质量和学生素质的是行之有效的路径。

关键词：新建本科；教育信息化；课堂教学。

作者简介：李苹绣，硕士，副教授，主要研究方向是市场营销、高等教育管理。朱爱红，博士，教授，主要研究方向是高等教育管理。刘莹，硕士，讲师，主要研究方向是人力资源管理、高等教育管理。

一、新建本科高校教育信息化建设的困境

在信息化时代，各种信息技术尤其是移动互联网技术的飞速发展深刻地影响着高等教育的办学形式、教学模式，教育的信息化改革已经形成了势不可当的浪潮。教育信息化的深化改革是显著提升学科教学质量和学生素质的有效途径，很多院校都在教育信息化改革方面进行了很多探索和实践，其中包括很多新建本科高校。自2000年以来，随着我国高等教育从精英教育到大众教育的过渡与发展，很多地区通过原有专科独立升本或者多所学校合并升本等方式新建了一批本科层次的高校，以满足大众对高等教育不断发展的需求。

但是，这些新建本科院校在教育信息化建设过程中，由于各方面的原因，也存在着各种问题，比较集中体现的问题包括：如何使破解新建本科院校教学改革工作推进过程中，多部门协同表面化、形式化及效率低下的问题，走上制度化、规范化、常态化轨道？如何破解新建本科院校师资力量薄弱，信息化教学能力不足，教师习惯于以往专科教育的思维方式与教学模式的困境？如何满足规模化下的个性化教学需求，改变传统课堂教学方法单一、气氛沉闷的状况，真正实现因材施教？如何让学校课堂教学改革顺应信息化时代的发展趋势，构建信息技术与教学深度融合教学生态？这些问题一直是长期困扰新建本科院校信息化改革与建设的瓶颈所在。

二、以课堂教学改革为突破口的教育信息化改革方案的设计

2014年5月,广东东软学院由专科升格为本科院校。作为一所新建的本科院校,为了实现学校教学质量的跨越式发展,学校在校领导的直接牵头下,启动了以"为大学生提供满意课堂"为目标的教育信息化改革理论研究与顶层设计,在持续5年的真抓实干中,坚持"育人为本、面向应用、彰显特色、融合创新"的基本原则,以课堂教学改革为突破口,按照"统筹设计、政策激励、条件支撑、机制推动"的工作思路,围绕课堂教学的关键要素,从"机制体制、资源与平台、教学模式、师资建设"四个维度全面推进教育信息化改革与实践,逐步打造"金课",淘汰"水课",寻求到了一个理论性、实践性均强的持续有效推进教育信息化建设的路径。

(一)优化体制机制,构建多部门信息化改革联动推进机制

为了持续有效推进教育信息化改革实践,从顶层设计上,学校将教务部、教师发展中心、学生工作部、数字化教学中心、教学质量保障部五部门联合成立了教育信息化改革推进办公室,下设项目推进组、教师培训组、学生学习组、资源建设与技术支持组、教学评价组,教务部负责教育信息化改革的立项和管理,数字化教学中心负责信息化教学改革所需基础设施的运维,教师发展中心负责教师信息化教学的培训,质保部负责教育信息化质量标准的制定与评价,学生工作部负责学生参与信息化教学改革项目的宣传与发动。如图1所示。

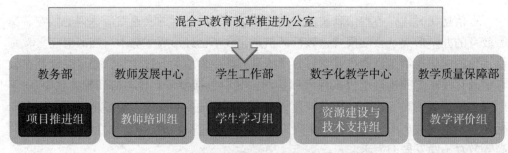

图1 教育信息化改革推进办公室组织架构示意

在工作机制上,学院通过工作量认定、立项支持、沙龙交流、技术保障等激励措施,有效调动了广大教师参与信息化教学改革的积极性和创造性。通过优化升级现有制度及流程,精简优化教学管理流程,重新构建与课堂教学改革相匹配的教学运行机制及管理体系。

（二）突出名师引领，广泛开展师资培训

为提升师资力量，学校突出名师引领作用，定期举办教学研究论坛，定期邀请校内外具有一定代表性的教学名师，根据不同教学对象特点，面向全体教师开展针对性的教学示范，邀请宁波大红鹰等教学信息化改革效果较好的学校专家、蓝墨公司、阶梯教育、超星公司工程师等对校内教师进行培训。校内推荐教学质量为"优秀"的教师及教师教学大赛获奖的教师开展公开示范课等活动，并选送20名名教师赴加拿大阿尔伯塔大学教师发展中心进修教学法及教育信息化改革课程。通过广泛开展典型课例展示、"说课"观摩研讨、MOOC培训、教学技能竞赛等多种活动，为教师搭建交流提高平台，有力提升了教师信息化条件下的教学能力和创新意识，加快助力教师成为"信息技术与教学"深度融合的优秀教师。

（三）出台激励政策，项目化管理和推进混合式教学模式

信息化已开始改变学生生活、学习习惯，现在的大学生更依赖多元化的信息渠道获取知识，知识更新快，对课堂教学要求质量更高。传统课堂教学方法单一、气氛沉闷，学生积极性和主动性弱，个性化自主学习需求得不到满足。学校以项目的形式推广"课内课外、线上线下"结合的混合式教学模式及翻转教学模式，形成了成果汇报式、主题研讨式、项目训练式、答疑式、情景模拟式等课堂学习组织形态，满足了学生及教师的个性化需求。同时，学校出台系列激励政策，出台《广东东软学院MOOC课程建设应用与管理办法（试行）》《广东东软学院翻转课堂教学评价办法（试行）》《教学建设工作量计算办法》《广东东软学院"创新强校工程"项目资金管理办法》等系列政策文件，将改革绩效质量评价与教师业绩评审相结合，对优秀改革项目进行奖励。探索出破解规模化下的个性化教学难题的有效路径。

（四）夯实支撑基础，重构信息化教学空间与资源环境

学校为了给教育信息化改革提供优质教育资源环境，校园配置网络信息点约23500个，有线和无线网络全面覆盖，多媒体设备装配所有教室，师生均配备笔记本电脑，建成含10间翻转教室、5间远程直播教室的翻转课堂示范区。示范区的无线投屏技术支持手机、电脑及显示端的实时互联，构建了线上线下打通、课内课外一体的智能型教学环境。在平台资源建设方面，采用"引进、合作、改造、建设"的方式，先后从中国大学慕课、超星尔雅、地方高校优课联盟等平台引进优质在线开放课程，并与超星集团等公司合作，将校内精品课程升级改造。另外，还建设有一批典型课例、微课，以满足翻转课堂教学需求。

三、改革成效

经过学校上下的广泛参与和常抓不懈，学校课堂教学逐步实现了四个转变：从方法单一，学生积极性和主动性弱的教学模式向气氛活跃，学生积极参与的"以学为中心"教学模式转变；从"灌输式""填鸭式"向探究式、个性化的培养方式转变；教师从过去专科教学中的"知识传播者"角色到激发学生创新创造的"引导者"的角色转变；在教学改革项目实施与推进过程中，从理念到实践过程的形式化、表面化到多主体、多部门全方位协同推进的机制转变。

（一）实现了信息技术与课堂教学深度融合的教学生态

学校教育信息化改革在多部门联合推动下，一半以上的公共选修课和近1/3的专业课采用在线教学或混合式教学，遵循深度学习路线，以项目、任务、问题为探究载体，建立了融"线上线下、课内课外"为一体的教学基本范式，形成了学生主导的成果汇报式、主题研讨式、项目训练式、答疑式、情景模拟式等课堂组织形态，搭建了传统实体课堂、网络课堂、混合课堂等多元并存的课堂教学生态，课堂教学有效性、学生学习主动性和积极性显著提升。学生在"挑战杯""数学建模大赛"等各类高级别的技能大赛中屡创佳绩。广州日报等主流媒体对学校的教学改革经验进行了广泛报道。

（二）形成一系列教育信息化改革有形及无形成果的有效积累

一是各类教育教学信息化资源的积累，包括各专业、各学科的在线开放课程、微课、典型课例、教学案例、教学平台等的有效累积，8门在线开放课程在学雅平台、超星泛雅平台等多家平台点击量均超140万。在线课程建设项目"广告创意与策划"被学银在线平台列为推荐课程，点击量已超过94万，吸引了包括华南农业大学、南昌大学、广州美术学院等高校在内的114家单位学员报名参加。二是教学改革意识的积累，广大教师在系列教育教学信息化研讨培训和改革实践的过程中提高了研究、解决教学问题的素养，教学改革意识提高，教学研讨氛围浓厚，教学改革筹划成为各级年度工作要点的重要组成部分。

（三）课堂教学质量达到优秀水平

近3年，通过学校教学质量调查，学生对课堂教学质量满意度逐年提升。实施课堂教学改革的教师，教学质量评价获得优秀（A）的比例远高于未开展课堂教学改革的教师。学校教师在各类教育信息化大赛中屡获佳绩，获全国教育教学信息化大赛、外语微课大赛、省计算机教育软件评审活动等各种等级奖 44 项；在第 21 届全国教育信息化大赛中，获得高等教育组一等奖 3 项、二等奖 10 项、三等奖 10 项；全国教育信息技术研究 2017 年度课题立项 4 项；广东省计算机教育软件评审活动高等教育组信息化教学课程案例二等奖和微课三等奖；中国外语微课大赛广东省一等奖 1 项；在第 22 届全国教育信息化大赛中，学院共有 29 件作品获奖，其中，微课 25 件（其中一等奖 4 项），课件 3 项，信息化教学案例 1 件，我校被评为优秀组织单位。

（四）教师信息化教学设计能力显著提升

作为一所由专科升格而来的本科院校，师资总体质量偏低，很多教师习惯于以往的专科教育，不愿意轻易改变原来的思维方式与教学模式，习惯于照本宣科，教学设计能力欠佳。广大教师在系列教育教学信息化研讨、培训、观摩和改革实践中，教学改革意识增强、研究和执教能力显著提升，依托信息化课堂教学改革，教师的教学设计能力显著提升，并催生了一批在各级教学竞赛中表现优异的年轻教师，其中，获得广东省青年教师教学大赛二等奖 1 项、优秀奖 2 项，广东省职业生涯规划教学大赛三等奖 2 项，广东省级说课竞赛二等奖 2 项。

四、结语

以课堂教学为突破口的教育信息化改革是"一把手工程"，涉及方方面面，所以在高校领导干部直接领导下的多部门联动机制是推动学校信息化建设和应用的关键。首先要转变观念，树立与信息时代相适应的教育价值观，坚持育人为本，强化信息技术与教育教学深度融合创新，强调自上而下的"统筹设计、政策激励、条件支撑、机制推动"工作思路，注重多部门的协同与联动。其次要勇于创新，以学习者为中心打造智慧课堂、智慧校园、智慧学区，利用信息技术改变教学内容的组织结构、呈现形式、传输方法和服务模式。最后，学院要通过工作量认定、立项支持、沙龙交流、技术保障等全方位的激励措施，为教育信息化改革提供条件上持续的支撑，充分调动和保护广大教师参与信息化教学改革的积极性和创造性。

参考文献：

[1] 杨宗凯. 高校"互联网 + 教育"的推进路径与实践探索［J］. 中国大学教学，2018（12）：13－16.

[2] 何克抗. 教育信息化与高校教学深化改革［J］. 中国大学教学，2007（10）：64－71.

[3] 王玉丰. 中国新建本科院校的兴起、困境与出路［J］. 高等教育研究，2011，32（1）：53－60.

[4] 周卫东. 新建应用型本科院校"双师型"教师队伍建设探索［J］. 教育探索，

2013（3）：83-84.
［5］管恩京，林健，任传波. 教务管理者视野下的高校教学信息化改革实践［J］. 现代教育技术，2017，27（4）：92-98.
［6］乔建永. 信息化时代大学的教育教学改革［J］. 中国高等教育，2016（13）：61-63.